MIX
Papier aus verantwortungsvollen Quellen
Paper from responsible sources
FSC® C105338

Simon Denninger

Der Widerhall des Mittelalters

Georges Duby als Mediävist, Schriftsteller, „Annales" und Mentalitätshistoriker

Diplomica® Verlag GmbH

Denninger, Simon: Der Widerhall des Mittelalters: Georges Duby als Mediävist, Schriftsteller, „Annales" und Mentalitätshistoriker, Hamburg, Diplomica Verlag GmbH 2012

ISBN: 978-3-8428-8878-4
Druck: Diplomica® Verlag GmbH, Hamburg, 2012

Bibliografische Information der Deutschen Nationalbibliothek:
Die Deutsche Nationalbibliothek verzeichnet diese Publikation in der Deutschen Nationalbibliografie; detaillierte bibliografische Daten sind im Internet über http://dnb.d-nb.de abrufbar.

Die digitale Ausgabe (eBook-Ausgabe) dieses Titels trägt die ISBN 978-3-8428-3878-9 und kann über den Handel oder den Verlag bezogen werden.

Dieses Werk ist urheberrechtlich geschützt. Die dadurch begründeten Rechte, insbesondere die der Übersetzung, des Nachdrucks, des Vortrags, der Entnahme von Abbildungen und Tabellen, der Funksendung, der Mikroverfilmung oder der Vervielfältigung auf anderen Wegen und der Speicherung in Datenverarbeitungsanlagen, bleiben, auch bei nur auszugsweiser Verwertung, vorbehalten. Eine Vervielfältigung dieses Werkes oder von Teilen dieses Werkes ist auch im Einzelfall nur in den Grenzen der gesetzlichen Bestimmungen des Urheberrechtsgesetzes der Bundesrepublik Deutschland in der jeweils geltenden Fassung zulässig. Sie ist grundsätzlich vergütungspflichtig. Zuwiderhandlungen unterliegen den Strafbestimmungen des Urheberrechtes.

Die Wiedergabe von Gebrauchsnamen, Handelsnamen, Warenbezeichnungen usw. in diesem Werk berechtigt auch ohne besondere Kennzeichnung nicht zu der Annahme, dass solche Namen im Sinne der Warenzeichen- und Markenschutz-Gesetzgebung als frei zu betrachten wären und daher von jedermann benutzt werden dürften.

Die Informationen in diesem Werk wurden mit Sorgfalt erarbeitet. Dennoch können Fehler nicht vollständig ausgeschlossen werden, und der Diplomica Verlag, die Autoren oder Übersetzer übernehmen keine juristische Verantwortung oder irgendeine Haftung für evtl. verbliebene fehlerhafte Angaben und deren Folgen.

© Diplomica Verlag GmbH
http://www.diplomica-verlag.de, Hamburg 2012
Printed in Germany

Inhaltsverzeichnis

1. **Einleitung** 7
   1.1 Einführung 7
   1.2 Forschungsüberblick und Literaturauswahl 10
2. **Die Annales – eine Merkmals- und Begriffsdefinition** 13
   2.1 Die Entstehung des Annales-Begriffs 13
   2.2 Die Annales – „Schule", Gruppierung oder loser Verbund? 14
   2.3 Die Entwicklung der Annales und ihre Unterteilung – ein Überblick ... 20
   2.4 Annales vs. Ereignisgeschichte. Ein Vergleich 25
3. **Die Mentalitätsgeschichte im Kontext der Annales. Der Versuch einer Zuordnung Georges Dubys** 31
   3.1 Kennzeichen der Mentalitätsgeschichte 31
      3.1.1 Untersuchung der Begriffsdefinitionen 31
      3.1.2 Die mentalitätsgeschichtliche Forschung – eine Spaltung innerhalb der Annales? 35
   3.2 Rezeption, Definitionen und Umsetzung des mentalitätsgeschichtlichen Ansatzes in der Mediävistik und im Speziellen bei Georges Duby 38
   3.3 Zur Entwicklung und den Quellen der Mentalitätsgeschichte 47
4. **Georges Duby – Schriftsteller, Träumer, Mediävist, „Annales"? Eine Profilierung** .. 51
   4.1 Georges Duby – ein typischer Vertreter der Annales? 51
   4.2 Inspiration und Stein des konstruktiven Anstoßes – Die Rolle Marc Blochs und anderer Vorbilder im Schaffen Georges Dubys 53
   4.3 Der biographische Hintergrund Georges Dubys 56
   4.4 Die Sonderrolle Georges Dubys in der historisch-mediävistischen Forschung 58
   4.5 Der Autor als Träumer – das imaginative Element in der mediävistischen Geschichtsschreibung Georges Dubys 64
   4.6 Duby und die Geschichte(n). Kritik an und Innovation bei Georges Dubys Schreibstil 68
5. **Die „Geschichte des privaten Lebens"** 75
   5.1. Einführung zu Aufbau und Inhalt in speziellem Bezug auf Georges Dubys Vorgehensweise .. 75
   5.2 Themen, Quellen und Untersuchungsbereiche Dubys in der „Geschichte des privaten Lebens" 78
   5.3 Die Definition des „Privaten" in Georges Dubys Beiträgen zur „Geschichte des privaten Lebens" 83
   5.4 Abschweifende Anekdoten oder Mittel zum besseren Zugang – zum Aufbau von Dubys Beiträgen in der „Geschichte des privaten Lebens" 89
   5.5 Exemplarische Untersuchungsansätze Dubys 90
      5.5.1 Die Definition der Entstehung privater Dimension in der Feudalzeit 90
      5.5.2 Privatheit und Öffentlichkeit am Beispiel des Todes in der Feudalgesellschaft 91
   5.6 Widerspruch oder Innovation? Zum literarischen und wissenschaftlichen Anspruch in der „Geschichte des privaten Lebens" 93
6. **Schlussbetrachtung** 97
7. **Literatur- und Quellenverzeichnis** 100

1. Einleitung
1.1 Einführung

Ob im historischen oder mediävistischen Bereich, die Gruppe der französischen „Annales d'histoire économique et sociale" – in der Folge kurz Annales genannt – ist heutzutage eine fest etablierte Institution. Doch dem war nicht immer so.

Tatsächlich war ihr Weg dorthin häufig geprägt von Ablehnung, kontroversen Diskussionen und inneren Differenzen auf der einen, und glühender Verehrung auf der anderen Seite. Auch innerlich waren die Annales wenn nicht zerrissen, so doch geprägt von zahlreichen Versuchen einer Selbstfindung. „Was macht uns aus?", mögen sich ihre Mitglieder gefragt haben, oder „Was sind wir?". Halten wir für den Moment fest, dass diese Definition tatsächlich keine leichte ist.

Zugleich sind im Lauf der Jahre mit jeder neuen Annales-Generation wieder Forscher aus deren Umfeld aufgetreten, die die Wissenschaft mit ihren Ansätzen zu revolutionieren, zu spalten und auf neue Blinkwinkel aufmerksam zu machen verstanden.

Die vorliegende Studie beschäftigt sich sowohl mit der genannten Gruppe der Annales im Allgemeinen, wie gleichsam auch im Besonderen mit einem ihrer bedeutendsten Vertreter: Georges Duby, und wiederum im Speziellem mit dem zweiten Band seiner „Geschichte des privaten Lebens" mit dem Titel „Vom Feudalzeitalter zur Renaissance". Untersucht werden soll hier die Frage, inwiefern der Verfasser und Mitherausgeber für die Mediävistik innerhalb wie außerhalb Frankreichs bedeutsam war und ist. Untersucht werden soll außerdem Dubys spezielle Rolle innerhalb der Annales-Bewegung: Wie ist sein Schaffen – mit Blick auf das hauptsächlich zu untersuchende Werk – einzuordnen? Was sind die Hinter- und Beweggründe seiner Forschung? Kernfragen, die, will man sie befriedigend beantworten, eines gewissen Vorlaufs bedürfen.

Denn die „Geschichte des privaten Lebens" ist in ihrer speziellen Struktur und Ausrichtung kaum zu fassen, wenn man nicht zunächst den Kontext der Annales und insbesondere deren mentalitätsgeschichtlichen Zweig genauer betrachtet. Entsprechend soll das erste Drittel des Buchs diesen Aspekten gewidmet sein. Konkret untersucht wird, was als Bewegung der Annales gesehen werden kann. Aspekte der Mentalitätsgeschichte und Voraussetzungen für deren Entstehen und Blüte werden ebenso beleuchtet wie die Diskussion rund um den Terminus selbst. Einhergehend damit wird sie mit anderen Forschungsansätzen verglichen. Dabei sind vor allem solche Themengebiete interessant, die wiederum einen Bezug zu Georges Duby aufweisen. Inwiefern ist er dieser Gruppierung – oder gar Schule? – zuzuordnen, was hat ihn geprägt und wo hat er selbst neue Ansätze kreiert?

Und erneut muss der Bogen noch weiter gespannt werden, ehe die bereits gestellten Fragen ihre Antworten finden. Denn die Annales sind eine derart heterogene Gruppe, die sich im Lauf der letzten rund 80 Jahre häufig in Ausrichtung und Ansätzen verändert hat, dass es nötig ist, in dieser Einleitung nicht allein auf die Schwerpunkte der folgenden Untersuchung hinzuweisen. Sondern gleichsam bereits einige Punkte zu nennen, die im Folgenden nicht genauer untersucht werden. Das ist deshalb so wichtig wie nötig, um Enttäuschungen vorzubeugen. Denn möglicherweise werden vom Einen oder Anderen eben sie in einer Studie erwartet, die sich mit der Historiographie der Annales beschäftigt.

Die Bewegung hatte und hat eine Reihe von intellektuellen Vorläufern, an denen sich die verschiedenen Generationen und Zweige der Annales – manche mehr, manche weniger – orientierten. Auf jene Vorläufer wird hier nicht eingegangen. Der Anspruch ist nicht, einen allumfassenden Werdegang der Bewegung der Annales mit all seinen Facetten, diversen Ausprägungen und vielfältigen Quellen zu schaffen. Vielmehr soll die Konzentration insbesondere dem Bereich der Mentalitäts/Mentalitätengeschichte und dem Mediävisten Georges Duby, respektive seinem genannten Werk, im Kontext der Annales gelten. Zudem haben auch die viel zitierten Ideengeber für die Annales, wie etwa Durkheim oder Marx, ihrerseits einen profunden Einflussbereich. Diesen wiederum zu untersuchen würde eine Spirale in Gang setzen, die zu weit vom eigentlichen Kernziel weg führt. Nur all zu leicht verliert man sich schließlich erfahrungsgemäß in der Tiefe des Ozeans der Forschung mit all seinen verführerischen Facetten, mit seinen versunkenen Schätzen und blinkenden Perlen, die sich – mit etwas Pech – dann doch als Irrlichter entpuppen, die nur vom eigentlichen Ziel ablenken.

Apropos, zurück zu den nicht behandelten Aspekten. Da die Annales mittlerweile ihre feste Stellung im globalen Forschungskosmos etabliert haben, ist es nicht sinnvoll, in diesem Werk ihre Erneuerungen, Errungenschaften und Anstöße innerhalb der Geschichtswissenschaft beziehungsweise Mediävistik chronologisch nachzuverfolgen, wenngleich eine grobe theoretische Unterteilung zum Zwecke der besseren Einordnung Dubys erfolgt. Auch soll keine akademische Landkarte des Weges nachgezeichnet werden, auf dem sie sich verbreitet haben oder wo sie wie rezipiert wurden. Die Kontroversen und Diskussionen um Themen und Arbeitsweisen innerhalb der Bewegung sind ebenfalls nicht Hauptthema, wenngleich Georges Duby Wirken durchaus daraufhin untersucht wird, inwiefern er den Annales fest zuzuordnen ist und wo er möglicherweise von ihnen abweicht. Ziel dieses Fachbuchs wird es also explizit nicht sein, die Geschichte der Entwicklung der Annales von einer oppositionellen historischen

Forschungsbewegung gegenüber Ereignisgeschichte und Positivismus bis hin zu einer etablierten, global akzeptierten und rezipierten Institution darzustellen.

Warum die genannten Punkte außen vor bleiben? In der Hauptsache, weil sie einerseits häufig in keiner direkten Beziehung zum Hauptuntersuchungsgegenstand, namentlich Georges Duby, stehen. Zudem soll der Fokus gewahrt bleiben. Hier geht es nicht darum, ein (im Umfang) möglichst dickes Werk zu entwerfen, in das möglichst viele Aspekte hineingestopft werden. Vielmehr sollen die genannten Kernfragen möglichst prägnant beantwortet werden. Was nicht heißt, dass nicht der ein oder andere dieser Aspekte in Ansätzen zum besseren Verständnis gestreift werden wird.

Sicher kann man das literarische Pferd auch von hinten aufzäumen, sprich, die Frage stellen: Warum gerade die hier vorliegenden, aus dem Füllhorn an möglichen Themen rund um die Annales heraus gegriffenen Fragestellungen und Untersuchungen?

Weil, nach Meinung des Verfassers des vorliegenden Buches, das Gebiet der mentalitätsgeschichtlichen Forschung und speziell der Werke Georges Dubys ein aus mehreren Gründen hochinteressantes Thema ist. Wo die Geisteswissenschaften all zu häufig mit dem Prädikat behaftet werden, sie würden nur interpretieren statt zu erklären, setzt Duby seine Arbeit entgegen. Er interpretiert – aber mit Hilfe von interdisziplinären Methoden, die so exakt sind wie in dieser Disziplin eben irgend möglich. Er „träumt" sich die Vergangenheit herbei, stellt Tote als lebendig dar – und doch fabuliert er nicht, sondern schafft vielmehr Impressionen, die seinen Lesern helfen sollen, das Vergangene besser zu verstehen und aus der Geschichte zu lernen. Denn dies ist sein großes Ziel:

> Der entscheidende Wert der Geschichte, ihr moralischer Wert, liegt letztlich aber in der historischen Methode selbst. […] Sie lehrt, die Gegenwart auf eine weniger naive Weise zu lesen und vermittels einer Erfahrung von einstigen Gesellschaften zu verstehen, wie die verschiedenen Elemente einer Kultur, einer Gesellschaftsform aufeinander einwirken.[1]

Ein Ziel, dessen Umsetzung hier einer kritischen, aber nicht polemischen Betrachtung unterzogen wird.

Einer der drei großen Untersuchungsschwerpunkte wird eine Einführung in das oft kontrovers diskutierte Thema, was denn unter den Annales zu verstehen ist, sein. Bilden sie eine Einheit?

---

[1] Georges Duby, Guy Lardreau: Geschichte und Geschichtswissenschaft. Dialoge, Frankfurt am Main 1982, S. 180.

Inwiefern kommt ihrem mentalitätsgeschichtlichen Zweig eine besondere Stellung zu, beziehungsweise inwiefern löst dieser sich von den ursprünglichen Annales? Weitere Fragen also. Bis hierher eine Menge, angesichts der Tatsache, dass noch kaum eine Antwort gegeben wurde. Aber es sind notwendige Fragen. Denn sie bereiten den Boden für die beiden weiteren Hauptpunkte: Georges Duby wird als Vertreter annalesscher Geschichtsschreibung betrachtet, der gleichsam für die Mediävistik von Bedeutung ist. Der mal dem einen, mal dem anderen Zweig mentalitätsgeschichtlicher Forschung stärker zugeneigt scheint und in dessen Werken sich trotz des Wandels in der Herangehensweise doch stets klare, typische Leitlinien und Merkmale finden. Ein besonderes Augenmerk wird hierbei auf Dubys Schreibstil – insbesondere in der „Geschichte des privaten Lebens", aber auch mit Verweisen auf andere seiner Werke – liegen. Herausgearbeitet wird, wo Duby wissenschaftlich und wo eher literarisch schreibt, wie er Grenzen verschiebt, und wo und inwiefern sein Vorgehen diskussionswürdig, progressiv oder gar innovativ in diesem Genre ist. Damit einher geht, seine Haltung zum Element des „Imaginativen" in der Forschung zu betrachten. Ist dies als unwissenschaftliche Träumerei und faktenloses Schwärmen oder als ein neuartiger und dennoch wissenschaftlicher Forschungsansatz zu bewerten? Auch dies wird das vorliegende Werk zu entschlüsseln versuchen.

Der dritte Schwerpunkt liegt auf einem exemplarischen, von Georges Duby herausgegebenen und mit genauer zu untersuchenden Beiträgen versehenen Werk aus dem Umfeld der Annales. Genauer dem oben genannten zweiten Band der „Geschichte des privaten Lebens: Vom Feudalzeitalter zur Renaissance". Exemplarisch in der Wahl der darin behandelten Themen, vielfältig aufgrund der Beteiligung diverser weiterer Annales-Autoren, Schüler und Freunde Georges Dubys, und nicht zuletzt aufgrund des Erscheinungsdatums in der Spätphase des dubyschen Ouevres, lassen sich hier gut typische Merkmale annalesscher, mentalitätsgeschichtlicher und – vor allem – dubyscher Arbeits- und Herangehensweisen aufzeigen, diskutieren und erläutern.

1.2 Forschungsüberblick und Literaturauswahl

Zu den Annales sowie deren spezifischen Ausrichtungen, von denen für diese Studie insbesondere die Mentalitätsgeschichte von Bedeutung ist, existieren zahllose primär- wie sekundärliterarische Werke. Die älteren davon beschäftigen sich zwar häufig mit dem Status der Annales im globalen Wissenschaftskontext und somit einem Untersuchungsgebiet, das aufgrund der offensichtlichen Etablierung der Institution Annales mittlerweile eher zu vernachlässigen ist. Dennoch entfalten einige dieser Arbeiten interessante Kontroversen um

Selbstverständnis, Zielsetzungen und Ansätze innerhalb der Bewegung. Sie zeigen Entwicklungslinien auf und erklären immanente Strukturen. Aus diesem Grunde sind sie auch in die vorliegende Studie integriert. Herauszuheben wären an dieser Stelle beispielhaft Annette Riecks Forschungsbericht zur französischen Mentalitätsgeschichte, der in Bezugnahme auf frühere Essays und Kategorisierungen deutlich die unterschiedlichen Strömungen innerhalb der Annales herausarbeitet. Ebenso sind hier Erbes und Sprandels Untersuchungen zur Mentalitätsgeschichte aus mediävistischer Perspektive sowie Raulffs definitorische Erklärungsmuster zu nennen. Nicht zuletzt ist natürlich das Selbstverständnis der Protagonisten aus dem Bereich der Annales von Bedeutung, weshalb diverse Werke von Le Goff über Febvre bis hin zu den „Dialogen" zwischen Duby und Lardreau interessante Einblicke in entsprechende Ansätze und Denkmuster gewähren. So sind die „Dialoge" gewissermaßen unverzichtbar, um Dubys gezwungenermaßen subjektive Ansichten kennen und verstehen zu lerne. Und darauf aufbauend die immanente Begründung für viele seiner Ansätze und Vorgehensweisen zu finden.

Die neuere Forschungsliteratur beschäftigt sich hauptsächlich mit spezifischeren Themen und kann rückblickend Tendenzen bestimmen, prägende Entwicklungen sowie Ansätze feststellen und dadurch zumindest in Bezug auf Werkwirksamkeit und Schaffen Dubys Resümee ziehen. Besonders interessant ist, wenn Autoren wie etwa Burke Entwicklung und Veränderung der Annales über einen langen Zeitraum kritisch verfolgen, sich selbst und ihre früheren Werke dabei stets aktualisierten und somit über die Jahre vielen anderen Forschern als Vorbild und Zitatquelle dienten. In Bezug auf Duby lässt sich zudem dessen Schaffen als ein Ganzes beurteilen; seine Werke vergleichen und auf biographische Details eingehen, wie dies exemplarisch beispielsweise Seischab tut.

Einen Blick über den Tellerrand annalesspezifischer Forschungsliteratur bieten Untersuchungen wie die von Geertz, Eco, Eggert oder auch Oexle, die sich immer wieder mit den Thematiken rund um die Annales überschneiden. Die Studien von Rojas zur „Schule der Annales" schließlich eignen sich trotz – oder gerade wegen – diverser, auch in der vorliegenden Studie kontrovers diskutierter Thesen ebenso wie die vergleichbaren Werke Dinzelbachers, Rüths und Raphaels gut zum Einstieg in die Materie.

Mentalitätsgeschichte wird mittlerweile als ein globaler Terminus akzeptiert und diskutiert. Dass die vorliegende verwendete Literatur größtenteils, wenn auch nicht ausschließlich, aus Westeuropa und am häufigsten aus Deutschland und Frankreich stammt, ist in den Fragestellungen begründet. Ziel ist nicht, aktuelle Veränderungen, neue Ansätze und Diskussionen gegenüberzustellen, wenngleich diese am Rande gestreift werden mögen. Ziel ist vielmehr, die Definition von Mentalitätsgeschichte in Hinblick auf das Schaffen Georges Dubys zu beleuchten, dessen Ansätze, Widerstände, Einflüsse und Neuerungen, sein Leben und Werk und die ihn dabei umgebenden und prägenden forschungsgeschichtlichen Faktoren aufzuzeigen. Nicht zuletzt durch Exemplifikation anhand des zweiten Bandes der „Geschichte des privaten Lebens". Zu diesem Zweck sind nach Meinung des Verfassers die genutzten Werke, Aufsätze und Abhandlungen die Geeignetsten.

2. Die Annales – eine Merkmals- und Begriffsdefinition
2.1 Die Entstehung des Annales-Begriffs

Der Begriff der „Annales" als einer eigenständigen Forschungsrichtung wurde grundlegend geprägt durch die 1929 an der Universität Straßburg von Marc Bloch und Lucien Febvre gegründete Zeitschrift der „Annales d'histoire economique et sociale". Deren Ziel sollte sein „[...] Wirtschafts- und Sozialgeschichte zu fördern, keine Theorie- und Methodendiskussionen zu führen, sondern die Ergebnisse empirischer Forschung vorzulegen [...] und interdisziplinäre Zusammenarbeit zu steigern."[2].

Die Gruppierung ist wiederum benannt nach der Zeitschrift „Annales ESC (Economies Sociétés Civilisations)" – dem 1946 erschienenen Nachfolgeorgan der „Annales d'histoire économique et sociale". Die „Ecole des Annales" – die Schule der Annales also – stellt eine kaum bis äußerst schwierig eingrenzbare feste Institution dar, was die Diskussion um die Bezeichnung „Schule" in Bezug auf die Annales bis heute anhalten lässt. Selbst die in der namensgebenden Zeitschrift publizierenden Forscher bestreiten teilweise „[...] die Existenz einer „Schule der Annales". [...] Ihr Verdienst wird unter anderem darin gesehen, daß die Annales keine dogmatisch vorgetragene Geschichtsphilosophie vertreten, sondern neue Horizonte eröffnet haben"[3]. Dass sich die Bezeichnung der Schule der Annales trotz dieser Tatsache verbreitet und als Begriff etabliert hat, mag mit der „[...] Evokation eines gemeinsamen „esprit" (Geistes) den sie auf Marc BLOCH und Lucien FEBVRE, die Gründer der Zeitschrift [...]"[4]

zurückführen zusammenhängen. Dabei ist dieser Geist vielmehr ein Überdach gemeinsamer Anknüpfpunkte; eine rein homogene Gruppe sind und waren die Annales zu keinem Zeitpunkt ihrer Existenz. Wenn etwa Rojas die Frage nach den „Annales im Plural oder Singular" stellt, so bezieht er sich damit auf die unterschiedlichen Ansätze innerhalb der gleichnamigen Strömung. Doch trotz des Vorhandenseins verschiedener Ansatzpunkte zweifelt auch er keinen Moment an dem gemeinsamen Übergeordneten, der Institution der Annales, wenngleich er einer der Vertreter ist, die sich gegen die Klassifizierung derselben als Schule aussprechen, wie später gezeigt werden wird.

Was genau aber will der Begriff Annales überhaupt einschließen? Sofern eingrenzbar einerseits die von den beiden genannten „Vätern" Febvre und Bloch mit dem Ziel „[...] pour promouvoir l'histoire économique et sociale et favoriser les contacts interdisciplinaires des

---

[2] Annette Riecks: Französische Sozial- und Mentalitätsgeschichte. Ein Forschungsbericht, Altenberge 1989, S. 14.
[3] Ebd., S. 7.
[4] Ebd., S. 7.

sciences sociales"⁵ gegründete Zeitschrift selbst sowie deren spätere Etablierung als Institution. Zweitens, und das ist hier entscheidend, die wissenschaftliche Forschungskonzeption, die die Gründer und ihre Anhänger beziehungsweise Nachfolger entwickelten. Diesem Konzept wurde von Febvre und Bloch ein etwas schwammig umrissener Begriff des bereits zitierten „Esprit" zugeordnet, den Burguiere wie folgt definiert: „Der `Geist der Annales' verweist nicht [...] auf irgendeine Doktrin, sondern auf eine Anzahl von Hauptideen"⁶. Unter diesen findet sich als wichtigste neben der Öffnung zu interdisziplinärer Forschung hin

> die Betonung des Studiums der Gruppen, der kollektiven Phänomene statt des Studiums von Taten und Ideen einzelner Individuen [...] die Beachtung der objektiven Kräfte, besonders der wirtschaftlichen und sozialen Gegebenheiten, die die Wirklichkeit strukturieren.⁷

Dies ist einer der entscheidenden Merkmalspunkte der Annales und Grundstein der Mentalitäts- in Abgrenzung zur Ereignisgeschichte. Es ist allerdings nachvollziehbar, dass in Frage gestellt wird, ob eine solche Vorgabe ausreicht, um bei den Annales von einer Schule zu sprechen. Interessant ist in diesem Zusammenhang die Definition, wonach die Annales in Ermangelung einer klaren Abgrenzung dessen, was sie als feste Institution charakterisiert, einfach umgekehrt definiert werden: „Die Annales sind nicht Nicht-Annales; die „Neue Geschichte" ist nicht die „Alte Geschichte""⁸.

Der Terminus der „Neuen Geschichte", oder original „Nouvelle histoire", wurde von Jacques LeGoff und teilweise auch dem später in diesem Fachbuch umfangreich behandelten Georges Duby geprägt. „Im engeren Sinn beziehe sich der Begriff auf die Gruppe der Erben von Marc BLOCH und Lucien FEBVRE, die beanspruchen, diese Erneuerung hervorgerufen zu haben"⁹.

2.2 Die Annales – „Schule", Gruppierung oder loser Verbund?

Die bereits kurz aufgegriffene Diskussion um den Begriff der „Schule" der Annales ist fast so alt wie die Annales selbst, und sowohl Befürworter wie Gegner dieses Terminus haben rationale Argumente für ihre Standpunkte vorzubringen. Coutau-Begarie etwa ist als einer der

---

⁵ André Burguière: Les „Annales" aujourd'hui. Essai d'autoanalyse. In: Lendemains 6, S. 46f, Paris 1981.
⁶ Riecks, Sozial- und Mentalitätsgeschichte, S. 152.
⁷ Burguière: Les „Annales", S. 60f.
⁸ Riecks: Sozial- und Mentalitätsgeschichte, S. 7.
⁹ Ebd., S. 8.

Forscher zu nennen, die die Annales durchaus als Schule betrachten. „Seine Analyse setzt die Existenz einer Schule, zumindest aber die einer Gruppe mit festem Wir-Bewußtsein voraus"[10]. Wichtig hierbei ist vor allem letzteres, führt es doch am ehesten an die Rechtfertigung heran, die Annales als eine einheitliche Gruppe – oder eben Schule – beziehungsweise Forschungsrichtung zu bezeichnen. Maximen wie Interdisziplinarität, Untersuchung von klassenübergreifenden Phänomenen und der bereits angesprochene, zunächst hochtrabend erscheinende Begriff des gemeinsamen „Esprit" sind es, die die Mitglieder der Annales zu „Brüdern im Geiste" macht. Und die Diskussion um eine Bezeichnung als „Schule" – gleichwohl aufgegriffen – beinahe überflüssig scheinen lassen. Gemeinsamkeiten innerhalb des Kreises der Annales lassen sich viele herausstreichen. Als erster und wichtigster Punkt wäre hierbei die immer wieder proklamierte – anfangs revolutionäre, später für jedes Annalesmitglied unabdingbares Werkzeug gewordene – Interdisziplinarität zu nennen. Barrieren zwischen den verschiedenen wissenschaftlichen und methodologischen Disziplinen aufzuheben, sei für die Annales die Grundvoraussetzung fortschrittlicher Geschichtsschreibung. Diese Ansicht vertritt Febvre bei mehreren Gelegenheiten, wenn er davon spricht, dass, so wortgemäß, sinnvolle Arbeit Orientierung erfordere.

Doch was genau meint er mit Orientierung?

Die Antwort: Das man gefälligst über den Tellerrand des Historikers, respektive, wie beim später ausführlich zu behandelnden Georges Duby, des Mediävisten hinaus blicken soll.

Ein Grund für den starren Theorieverzicht der Annales wäre sicherlich in der versuchten Abgrenzung zu bereits existierenden, verwandten Forschungsansätzen zu suchen. Hierzu konstatiert Le Goff, dessen Werke wie etwa die „Geburt des Fegefeuers" in Geschichtswissenschaft wie Mediävistik einen hohen Stellenwert bekleiden, „Jusqu'ici l'histoire nouvelle a essayé d'échapper à deux dangers: être systématique d'un côte, être purement empirique de l'autre [...]"[11].

Eben die Gefahr in das von Le Goff genannte ein oder andere Extrem zu verfallen, wollten die Annales von Anfang an vermeiden. Kaum verwerflich, sind die mentalitätsgeschichtlichen Ziele doch grundsätzlich andere als die der Ereignisgeschichte. Da verwundert es nicht, entsprechend andere Methoden vorzufinden: Das Studium von Statistiken, die Auswertung von Zahlen und die Untersuchung sich wandelnder Strukturen ließen ein starres Verharren in der Theorie eines einzelnen Forschungssystems nicht zu. Wichtige Maßgaben an die Annales kamen dabei von ihren Gründern. Laut Febvre sollte sich die Annales-Forschung „[...] um

---

[10] Ebd., S. 51.
[11] Jacques LeGoff, Revel Chartier: L'histoire nouvelle, Paris 1978, S. 210f.

einen reflektierten Bezug zur Gegenwart bemühen. Aus seiner Kenntnis der Krisen der Gegenwart soll der Wissenschaftler historische Fragestellungen entwickeln [...]"[12]. Bloch unterstrich die Bedeutung des neutralen Historikers, der keine Werturteile fällt. Eine wichtige Gemeinsamkeit streicht Riecks heraus, wenn sie schreibt:

> Die meisten der mit den <u>Annales</u> verbundenen Historiker [...] wandten sich der Erforschung der Lebensbedingungen und Lebensweisen solcher Menschen zu, über die die traditionelle Historiographie schwieg. Sie begründeten die wissenschaftliche Geschichte der breiten Massen, wenn auch nach Meinung einiger Kritiker das handelnde Individuum dabei zu kurz kam. [...] Für die <u>Annales</u> sind Quellen nicht mehr nur schriftliche Dokumente, sondern [...] Auswertung von „tout ce qui étant à l'homme, dépend de'l homme, sert de l'homme [...][13].

Interessant hierbei ist die Bezeichnung „mit den Annales verbunden". Genauer betrachtet sagt sie aus, dass keineswegs jeder, der die von Bloch und Febvre proklamierten Forschungsansätze umsetzt, gleichsam einer „Schule" angehören muss. Das wiederum spricht gegen diesen Begriff in Bezug auf die Annales. Tatsächlich sind viele Forschungsansätze innerhalb der Gruppe alles andere als einheitlich. Der mentalitätsgeschichtliche Zweig wird teilweise gar als Revolution innerhalb der Strömung angesehen, ob Duby tatsächlich den Annales zuzurechnen sei, kontrovers diskutiert. Mehr hierzu in Kapitel 4.

Wenn die Annales also keinen stringenten inhaltlichen Maximen folgen, stellt sich die Frage, was diese Gruppierung – oder, wie diskutiert, möglicherweise auch Schule – was also die Gemeinschaft der Annales im Innersten zusammenhält. „Tatsächlich fehlt den Annales bis heute eine zusammenhängende Behandlung ihrer Methodik und eine Definition ihrer Geschichtstheorie(n)"[14]. Es muss festgehalten werden, dass die Annales keineswegs die Ersten waren, die interdisziplinär beziehungsweise mentalitätsgeschichtlich arbeiteten. Es ist wie in der Einleitung angerissen sicherlich eine interessante Frage, was ihrer Entstehung vorausging und was ihre Gründerväter inspiriert haben mag. Alle potentiellen Vorbilder und Vorläufer und ihren möglichen Einfluss auf die Annales aufzulisten ist jedoch nicht im Sinn der vorliegenden Studie, die sich insbesondere auf den mentalitätsgeschichtlichen Zweig beziehungsweise die (Sonder)Rolle von Georges Duby konzentriert, weshalb hier lediglich

---

[12] Riecks: Sozial- und Mentalitätsgeschichte, S. 66.
[13] Ebd. S. 72.
[14] Ebd., S. 59.

kurz auf wenige bedeutende Namen wie Durkheim (insofern, als er Natur- und Geisteswissenschaften nicht trennen, sondern vielmehr mit dem Ziel wissenschaftlicher Erkenntnis deren Zusammenarbeit fördern wollte), Henri Berr, Francois Simiand oder auch Johan Huizinga, von dem später noch kurz die Rede sein wird, verwiesen werden soll. Selbiges gilt für die Versuche nach Unterteilungen der verschiedenen Phasen der Annales. Trotz der Feststellung, dass die Gründung der gleichnamigen Zeitschrift durch Bloch und Febvre gleichsam eine neue Bewegung der historischen Forschung eingeleitet hat, darf nicht außer Acht gelassen werden, dass sich diese einerseits entwickelte und veränderte, zweitens auch Bloch und Febvre durchaus prägende Vorläufer hatten, weshalb „Der Rückblick vom späteren Erfolg her [...] zu falschen Geschichtsfinalisierungen [...]"[15] führen mag, die verhindert werden sollten. Generell besteht die Gefahr, wie auch von Riecks richtig erkannt, „[...] Geschichte zu schematisieren [...] Stützt man sich auf den jeweils vorherrschenden Gegenstandsbereich der Annales-Historiographie, wird die Suche nach der epistomologischen Einheit der Annales geradezu verhindert"[16]. Zudem kann über den Sinn einer solchen Untersuchung überhaupt gestritten werden: „Die Originalität der Annales liegt im Entwurf einer Konzeption von Geschichte und von historischer Forschung, die den interdisziplinär geführten Auseinandersetzungen gerecht zu werden versucht"[17]. Diese Originalität schlösse in einer Forschung über die Annales, würde man dieser These zustimmen, aus, ihre Vorgänger mit einzubeziehen (ohne diese dadurch zu verleugnen). Ein Paradoxon? Keineswegs. Denn wie Burke bereits feststellt:

> Praktisch alle mit Febvre, Bloch, Braudel und Labrousse verbundenen Neuerungen hatten Vorläufer oder Parallelen, von der regressiven und vergleichenden Methode bis zum Interesse an interdisziplinärer Zusammenarbeit, an quantitativen Methoden und an dem Problem des langfristigen Wandels.[18]

Dem bleibt an dieser Stelle nichts weiter hinzuzufügen.
Kritik an den Annales wurde insbesondere in Bezug auf deren strukturgeschichtlichen Ansatz laut. Dieter Groh wirft Anfang der 1970er Jahre „[...] den Annales die Verwendung eines

---

[15] Ebd., S. 55.
[16] Ebd., S. 56f.
[17] Ebd..
[18] Peter Burke: Die Geschichte der Annales. Die Entstehung der neuen Geschichtsschreibung, Berlin 2004, S. 130.

theoretisch mangelhaft durchreflektierten Strukturbegriffs vor"[19]. So sei der strukturgeschichtliche Begriff nicht in der Lage, Wandel in industriell geprägten Zivilisationen zu erklären und projiziere vielmehr Sachzwänge in die Historie hinein. Hier lässt sich jedoch einwenden, dass in der die Entstehung der Annales unter Bloch und Febvre begleitenden Diskussion um Methodik in der Geschichtswissenschaft ja eben jene Art der Politik- und Ereignisgeschichte als ein zu bekämpfendes Element kategorisiert wurde.

> BRAUDEL und seine Schüler haben nie die Existenz von geschichtslosen „kalten Gesellschaften" [...] konzipiert. Wenn sie von [...] unbeweglicher Geschichte sprechen, meinen sie nicht die Abwesenheit jeder Veränderung, sondern Veränderungen, die die Zeitgenossen nicht bemerkten, welche der Historiker aber durch die statistische Erfassung langer Serien von quantitativ bestimmbaren Daten darstellen kann.[20]

Die Annales sehen also, um Grohs Vorwurf in aller gebotenen Kürze zu entkräften, auch die betrachteten Strukturen als bewegliche und sich verändernde Faktoren in ihrer Forschung an. Auch die Konzentration auf präindustrielle Gesellschaften seitens der Annales-Forschung erklärt sich mit der Opposition in den Anfängen zur gängigen französischen Geschichtsforschung, die bis dahin für gewöhnlich an den Geschehnissen ab 1789 interessiert war. Dass solch missverständliche Vorwürfe gegenüber den Annales ins Feld geführt wurden, liegt, so Johannes-Michael Scholz in seinem Essay, am Mangel der Aufstellung einer theoretischen Grundlage zu diesem Bereich seitens der Annales. Hier schließt sich ein weiterer, durchaus wichtiger Kritikpunkt am Schaffen der Annales an, der an dieser Stelle nur gestreift werden soll, da bei der Betrachtung von Dubys „Geschichte des privaten Lebens" eben darauf noch genauer eingegangen wird: Der Schreibstil der Annales kommt allen Lesern ohne fachspezifische Vorbildung aufgrund seiner im Allgemeinen guten Verständlichkeit sehr entgegen, lässt aber zum Teil die wissenschaftlich präzise Genauigkeit in den Formulierungen vermissen. Es sei ihre „[...] literarische, aber wissenschaftlich undisziplinierte Sprache [...] wenig geeignet, begriffliche Klarheit zu schaffen"[21].
Eine gänzlich allgemeingültige Formel zur Erklärung der immanenten Kernpunkte der Annales als einer konkreten, in sich geschlossenen Gruppierung ist kaum zu finden, denn: „Die Geschichte der französischen Sozialhistoriographie wird nämlich von einer Vielzahl von

---

[19] Riecks: Sozial- und Mentalitätsgeschichte, S. 25.
[20] Ebd., S. 26.
[21] Ebd.: S. 26f.

Standpunkten her geschrieben"[22]. Doch auch wenn es offensichtlich keine fest geschriebenen Regeln für das gibt, die es ermöglichen, einen Forschungsansatzes oder eine Einzelperson definitiv zur Gruppe der Annales zuzuordnen, finden sich doch eine Reihe von Kernpunkten, die die Annales auszeichnen, ohne sie deshalb gleich zur festen schulhaften Institution werden zu lassen.

Was also haben all diejenigen Forscher und Autoren gemeinsam, die dem genannten Kreis zugerechnet werden? Rojas etwa fasst in der Einleitung seiner Untersuchung zur Entwicklung der Annales zusammen, dass

> [...] es sich im strengen Sinne nicht um eine „Schule" handele – denn dies setze die Einheit eines intellektuellen Projekts und einen vereinheitlichten theoretischen und methodologischen Horizont voraus, der sich zudem ohne nennenswerte Änderungen über nunmehr schon vier Generationen von Historikern erhalten hätte. [...] Offensichtlich ist aber, dass diese Einheit nicht existiert und auch in der Vergangenheit nicht existiert hat[23].

Dennoch sind die Annales keineswegs profillos. Etwas

> [...] charakteristisches, das sich in allen Annales-Projekten findet, ist der ständige Dialog der von ihnen vertretenen Geschichte mit den übrigen Sozialwissenschaften, dem Spektrum von Disziplinen, die sich mit der Erforschung des Sozialen / Humanen in der Zeit beschäftigen. Dieser Dialog geht so weit, daß der gesamte Weg der hier analysierten historiographischen Strömungen als eine Aufeinanderfolge von Annäherungen, Verknüpfungen, Bündnissen und sogar Fusionsversuchen der Geschichte mit diesen verschiedenen Disziplinen erklärt werden kann [...][24].

Allerdings muss zu dieser Definition bemerkt werden, dass der Terminus der Fusion, so richtig er sonst sein mag, doch für Duby in Frage gestellt werden muss. Denn dieser hat als Forscher aus dem Umkreis der Annales mentalitätsgeschichtlicher Ausprägung stets die historisch-mediävistische Erkenntnis im Fokus. Ganz gleich, wie vieler Hilfsdisziplinen er sich dabei auch bedienen mochte, was in Kapitel 4 und 5 noch genauer gezeigt werden wird.

---

[22] Ebd., S.1.
[23] Carlos Antonio Aguirre Rojas: Die „Schule" der Annales. Gestern, heute, morgen, Leipzig 2004, S. 8.
[24] Ebd., S. 23f.

Bei dem Versuch der Einordnung der Annalesbewegung als Forschungsrichtung oder Schule charakterisiert und kritisiert Wolf Lepenies die klassische Wissenschaftsgeschichte als monodisziplinär und vom Blickpunkt der Gegenwart ausgehend. Hier liegt wiederum ein gewichtiger Unterschied zu den Merkmalen der Mentalitätsgeschichte und im Speziellen Dubys begründet, die zwar zum einen sehr wohl Kenntnisse über die Geschichte des eigenen Faches pflegt, auf der anderen Seite jedoch hochgradig interdisziplinär ausgerichtet ist. Ein Grundanliegen der Annalesforschung definiert Duby selbst, wenn er anmerkt: „Ne pensez-vous pas qu'il serait sain [...] de lancer une sorte de Renaissance, au sens classique, c'est-a-dire `retour aux textes eux-mêmes? Oser un peu se défaire des bibliographies monstrueuses, et revenir aux textes, tout simplement"[25].

2.3 Die Entwicklung der Annales und ihre Unterteilung – ein Überblick

Zur möglichen Darstellung einer Geschichte der Annales-Bewegung gibt es unterschiedliche Ansätze in der Forschung. Einer ist, diese anhand der Werke bestimmter Persönlichkeiten aus dem Kreis der Annales zu strukturieren, wobei es hier wiederum verschiedene Namensnennungen gibt. Neben den offensichtlich wichtigen Arbeiten der Gründer Bloch und Febvre werden, je nach Standpunkt, häufig auch vor allem Braudel und Berr genannt, ebenso Duby, Ariés und Le Goff. Selbst bei der Kritik an einer solchen Gleichsetzung bleibt hierzu folgende Meinung vertretbar: Ohne die Forschungskonzeption der Annales und deren vielfältige Institutionalisierungen mit dem Namen Febvre, Bloch und Braudel gleichsetzen zu wollen, hält Scholz fest, „[...] daß sie allein schon aufgrund ihres sich in zahllosen Initiativen niederschlagenden wissenschaftsorganisatorischen Talents [...] einen Sonderplatz in der Geschichte derartiger Historiographie einnehmen"[26]. Es mag fast ironisch anmuten, dass ausgerechnet in einer Disziplin, die sich explizit nicht der Geschichte der „großen" Männer und Ereignisse verschrieben hat, ihre Historie an – inhärent betrachtet – eben solchen festgemacht werden soll. Aus diesem Grund soll die Diskussion um eine eventuell mögliche Gleichsetzung des Annales-Begriffs mit bestimmten Personen hier, wenn schon nicht völlig ausgeklammert, so doch zumindest nicht weiter vertieft werden.

Recht allgemein bezieht Rojas zu einem möglichen Modell der Entwicklung der Annales Stellung.

---

[25] Georges Duby, Guy Lardreau: Dialogues, Paris 1980, S. 150.
[26] Johannes-Michael Scholz (Hg.): Vorstudien zur Rechtshistorik. Texte und Monographien, Frankfurt am Main 1977, S. 13.

> Aus der Geschichte der Annales-Strömung und ihren unterschiedlichen Perioden geht deutlich hervor, daß der von ihr entwickelte, geförderte und verteidigte Typus Geschichtswissenschaft immer von einer Verlagerung der Analyseperspektive ausging, und zwar von den individuellen, einzelnen, elitären und oberflächlichen Prozessen hin zu den kollektiven Prozessen der großen sozialen Gruppen und Klassen [...]²⁷

Auch er strukturiert die Annales-Historie, indem er sie in Hauptphasen der Entwicklung einteilt, differenziert dabei jedoch noch weiter. So untergliedert er die Zeit von 1941 bis 1968 in zwei weitere Phasen; von 1941 bis 1956 und 1956 bis 1968. „[...] *die Annales der Braudelschen Jahre [...] entfalteten sich nicht unmittelbar* im Anschluß an diese, sondern erst mit einer gewissen Verzögerung und nach Ablauf einer *Übergangs*periode innerhalb der Strömung"²⁸. Einer Übergangsperiode, die die Definition dessen, was den Annales zugehörig sei, zusätzlich erschwerte und auch die Rolle Georges Dubys einer wie unter Punkt 4.1 sowie 4.4 geschehen genaueren Untersuchung bedürfen ließ.

Bedeutendste Vertreter der Annales-Schule unter dem Aspekt von Erfolg, Innovativität und Bekanntheitsgrad sind, um nur einige Namen zu nennen, neben den Begründern Febvre und Bloch Jacques le Goff, Georges Duby, Philippe Ariès sowie Fernand Braudel, dem gar zuerkannt wird, die Suche nach einer festen Form von Arbeitsweise und Vorgehen beim mentalitätsgeschichtlichen Forschen abgeschlossen zu haben: „Was Bloch und Febvre forderten, in ersten tastenden Versuchen erprobten oder visionär entwarfen, ist bei Braudel zum sicher geführten Werkzeug, zum alltäglichen Gegenstand [...] geworden"²⁹.

Auch Braudel hat sich dem Versuch angenommen, die Entwicklung der Annales zu strukturieren. Sein Ansatz zur Historie ist, vergleichbar dem späteren Peter Burkes zur Unterteilung der Annales-Untersuchungsbereiche, in drei Phasen untergliedert. In dieser Konzeption findet auch die partielle Untersuchung von Ereignisgeschichte durchaus ihre Daseinsberechtigung:

> Eine beinahe unbewegliche Geschichte, die sich fast außerhalb der Zeit bewegt, die von den Menschen so gut wie nicht wahrgenommen wird, die „histoire de longue durée" [...] bildet die Basis [...] Der Historiker untersucht Phänomene,

---

²⁷ Rojas: „Schule" der Annales, S. 27.
²⁸ Ebd., S. 40.
²⁹ Manfred Wüstemeyer: Die Annales: Grundsätze und Methoden ihrer „neuen Geschichtswissenschaft". In: Vierteljahrsschrift für Sozial- und Wirtschaftsgeschichte 54, S.1f, ... 1967.

die sich nur im Maßstab von Jahrhunderten und Jahrtausenden als veränderlich erweisen, so zum Beispiel die natürliche Umwelt des Menschen [...] Diese Ebene wird später [...] Strukturgeschichte genannt. Über ihr befindet sich die Ebene der [...] Konjunkturgeschichte, die Geschichte der Phänomene, die sich in Zeiten von sogenannter mittlerer Dauer verändern. [...] Als dritte ist die „histoire événementielle" (Ereignisgeschichte) zu nennen, die Geschichte des oberflächlichen schnellen Wechsels der politischen Ereignisse, der menschlichen Handlungen und Biographien.[30]

Bezieht man nebenbei erwähnt diese Unterteilung direkt auf das Werk Braudels, so sind in „La Mediterannee" die geographischen Untersuchungen dem Bereich der „longue durée", die Betrachtung von Gesellschaft und Kultur im Abschnitt der „Destins collectifs et mouvements d'ensemble" der Konjunkturgeschichte, und der Teil über die „Evénements" der Ereignisgeschichte zuzuordnen.

Dem bereits zuvor erwähnten Mangel an programmatischen Richtlinien, der Groh zu missverständlichen Auslegungen der Annales veranlasste, wurde innerhalb der Annales lange Zeit nicht gegengesteuert. Vielmehr versuchten Forscher von außerhalb der Gruppierung, diese zu bestimmen. So systematisiert etwa Traian Stoianovich in seinem Werk über das Paradigma der Annales deren Vorgehensweise. Er unterteilt ihr Wirken in verschiedene Generationen – denen, so muss an dieser Stelle erwähnt werden, Braudel in Bezug auf die Wertigkeit widerspricht:

Der ersten Phase, in der ihr Entstehen eine neue Art von Geschichtswissenschaft hervorbrachte.

Der zweiten, wenig produktiven Phase von 1945 bis 1968, und

der dritten Phase, deren Aufgabe es sei, den historischen Wandel zu betrachten.

„In terms of a need for other functions, or as a part of a process of structuring, destructuring, and restructuring [...] More than storytelling, the task of the historian of the third paradigm embraces problem-solving and puzzle-solving"[31]. Braudel hingegen sieht die zweite Phase als eine Umsetzung der theoretischen Grundlagen der Annales in die Praxis, ohne jedoch gleichsam der von Stoianovich vorgenommenen zeitlichen Untergliederung zu widersprechen. Kritik an Stoianovich ist hingegen etwa bei Riecks zu lesen, die zu Recht darauf hinweist, es sei „[...] noch immer nicht geklärt, als wie groß und wie fest umrissen der

---

[30] Riecks: Sozial- und Mentalitätsgeschichte, S. 23.
[31] Traian Stoianovich: French Historical Method. The Annales Paradigm, London 1976, S. 38.

Forschungskonsens der Annales betrachtet werden kann"[32]. Zudem hätten die Annales-Historiker, so Jöckel, nicht den im Begriff des „Paradigmawechsels" eingeschlossenen Anspruch auf Verbindlichkeit ihrer Geschichtskonzeption für die Geschichtswissenschaft allgemein erhoben. Insbesondere letzterer Punkt wird zu Recht angeführt – wie in der Diskussion zum Terminus der „Schule" aufgezeigt, fehlen den Annales verbindlich festgelegte Richtwerte in den Grundlagen ihrer Forschung.

Einen weiteren Ansatz zur Untergliederung der Entwicklungslinien der Annales liefert Claudia Honegger. Diese teilt deren Entwicklung in eine Phase vor dem Zweiten Weltkrieg, in der sich die Annales und ihre neue Art der Geschichtsforschung herausbildeten, sowie danach, in der sie sich etablierten und festigten. „Die Geschichtsschreibung der ersten und zweiten Phase wird bei ihr jeweils an einigen Persönlichkeiten [...] „BLOCH, FEBVRE – BRAUDEL, LABROUSSE dargestellt [...]"[33]. Guy Bourde und Hérve Martin gliedern wiederum die Annales selbst in die Annales-Schule sowie die Nouvelle Histoire als deren Erbe, wobei die Unterteilung hier nicht an Personen, sondern bevorzugt untersuchten Themen in einem bestimmten Zeitraum festgemacht wird. Eine Methode, die auch der Annales-Forscher Philippe Ariès, gemeinsam mit Duby Mitherausgeber der „Geschichte des privaten Lebens", anwendet. Allerdings ist sein Periodisierungsversuch wiederum eine Dreiteilung. „Die [...] Pioniere der neuen Geschichtsschreibung, bevorzugen eine Wirtschafts- und Sozialgeschichte, in deren Fragestellungen sich Ansätze für mentalitätsgeschichtliche Forschungen finden. Die zweite Generation konzentrierte sich auf die Wirtschaftsgeschichte"[34]. In der dritten von Aries proklamierten Generation sieht dieser die mentalitätsgeschichtlich ausgerichtete Annales-Forschung seit den 1960er Jahren.

In diesen Bereich der nouvelle histoire ist auch Georges Duby und als klassisches Beispiel die „Geschichte des privaten Lebens" einzuordnen, das später genauer auf Annales-typische Merkmale, Probleme und Vorzüge sowie dessen mediävistischen Aspekt hin untersucht werden soll.

Zusammenfassend lässt sich konstatieren, dass die Bemühungen um eine schlüssige Gliederung der Annales-Entwicklung dabei helfen mögen, deren Entwicklung trotz des Mangels an festen Grundleitsätzen als die einer in gewissen Punkten einheitlichen Schule zu betrachten, und so die These von einer Schule der Annales zu unterstützen. Jedoch muss ebenso festgehalten werden, dass eben der Mangel an stringent einheitlichen Maßvorgaben

---

[32] Riecks: Sozial- und Mentalitätsgeschichte, S. 30.
[33] Claudia Honneger (Hrsg.): Schrift und Materie der Geschichte. Vorschläge zu einer systematischen Aneignung historischer Prozesse Frankfurt a.M. 1977, S. 7f.
[34] Le Goff, Chartier: L'histoire nouvelle, S. 402f.

für mentalitätsgeschichtlich orientierte Forscher Kritik an jeder einzelnen dieser und auch zukünftig denkbarer Untergliederungen möglich macht. Von einer idealen Vorgehensweise in eine Zwei,- Drei- oder Vierteilung der Historie der Annales, sei es anhand von Publikationen, Themen oder Personen, kann man bei keiner der Theorien und Thesen sprechen. Davon abgesehen.

Zudem stellt sich auch die erneute Frage nach der dringenden Notwendigkeit einer solchen Periodisierung in Bezug auf eine Gruppierung, die sich zwar an den selben Maximen orientiert, doch in sehr verschiedenen Zeitaltern und mit Hilfe unterschiedlichster Hilfsdisziplinen nach Lösungen und Darstellungsmöglichkeiten sucht. Nichtsdestotrotz, und auch das soll nicht unerwähnt bleiben, dass eine solche Einteilung für das Verständnis der Entwicklung der Annales durchaus hilfreich sein kann. Um den Werdegang und die Entwicklung der Annales, ihre Themen, Vorgehensweisen und ihr Wachstum aufzuzeigen und überschaubar zu machen, hat sie durchaus ihre Berechtigung. Auch ohne dass diese gleich als allgemeingültiges Schema angesehen werden muss.

Thesen wie die von Rojas, die vielfältigen Revolutionen und gesellschaftlichen Veränderungen von 1968/69 hätten ebenso in der Annales-Wissenschaft eine Revolution hervorgerufen, sind zumindest diskutabel. Zum einen, weil die Mentalitätsgeschichte zwar mit einem spezifischen Ansatz an die Forschung heranging, deshalb aber nicht unbedingt „revolutionär" im Kontext der Annales ist. Wie an späterer Stelle gezeigt, hat sich Duby stets zu seinen Vorbildern wie vor allem Marc Bloch bekannt, und trotz mitunter geübter Kritik an den von ihnen gelegten Fundamenten festgehalten. Zum anderen haben sich in der Geschichte der Annales immer wieder die Schwerpunkte verlagert, erweitert und verändert, auch ohne dass es an solchen Wendepunkten gleichsam Revolutionen wie die chinesische Kulturrevolution, den Prager Frühling sowie die zahlreichen Studentenprotestbewegungen der späten sechziger Jahre gegeben hätte.

Letztlich ist an dieser Stelle aber auch nicht von entscheidender Bedeutung, was den Ansatz zur Mentalitätsgeschichte auslöste, sondern vielmehr, was diese auszeichnet. Themen der Untersuchung sind etwa die

> [...] Geschichte der Familie, über die Traditionen und Bewusstseinsformen einer im Entstehen begriffenen Arbeiterklasse, über die Geschichte der Angst und der Gerüche, über das Empfinden und die moralischen Haltungen einer bestimmten

Gesellschaft, über die Vorstellungswelten des Volkes, über die Entstehung des Gedankens vom Fegefeuer [...]"[35].

Weiterhin, nachdem letzteres sich vor allem auf Jaqcues Le Goffs Werk „Die Geburt des Fegefeuers" beziehen dürfte, eine wie auf Duby und die „Geschichte des privaten Lebens" zugeschnittene Definition mit Nennung der „[...] Geschichte des Privat- und des Alltagslebens, über die Vorstellungswelt des Feudalismus, über die Vorstellung vom Tod und der Dechristianisierung [...]"[36]. So konstatiert Rojas durchaus zu Recht: „In den letzten drei Jahrzehnten gab es nicht mehr nur eine einzige „herrschende Macht" innerhalb der westlichen Historiographie, die „das" von allen anderen zu verfolgende Modell vertrat [...]"[37].

2.4 Annales vs. Ereignisgeschichte. Ein Vergleich

Da die neuen Ansätze für Geschichtsforschung, die die Annales mit sich brachten und die auch Dubys Werke auszeichnen, häufig als Gegenpol zum ereignisgeschichtlichen Ansatz in Mediävistik und Geschichtsforschung dargestellt werden, soll an dieser Stelle ein kurzer Vergleich zwischen beiden Richtungen angeführt werden. Damit einhergehend wird die Frage erörtert, inwieweit eine solche Abgrenzung tatsächlich ihre Berechtigung hat. Hierdurch wird in der Folge, etwa bei Zitaten, die den positivistischen Aspekt in der Forschung vergleichend mit den Ansätzen der Annales ansprechen, keine nähere Begriffsdefinition, sondern vielmehr ein Verweis auf diesen Unterpunkt erfolgen.

Während also die Annales sich mit dem Menschen(bild) eines Zeitalters beschäftigen, sucht das ereignisgeschichtliche Modell im Allgemeinen nach „großen" Geschehnissen wie Schlachten, politischen Entscheidungen und Ereignissen in einer vergleichsweise kurzen Dauer. „Die positivistische Geschichte [...] schloß nur die Geschichte im Ereignis ein und eliminierte die Dauer"[38]. Dabei werden vor allem Dokumente wie Verträge, Biographien und Texte genutzt. Dem gegenüber werden wiederum bei den Annales außerdem diverse Hilfstechniken- und Disziplinen verwendet, von der Geographie über die Psychologie bis hin zur Kunstgeschichte. Rojas schreibt zum Modell der Annales, es sei „Geschichte, die den ständigen Dialog und mannigfaltigen Austausch mit allen übrigen Sozialwissenschaften fördert"[39]. Duby stellt in den „Dialogen" unumwunden klar, dass er persönlich bei der Untersuchung eines genealogischen Berichtes oder einer Chronik nicht „[...] die

---

[35] Rojas: „Schule" der Annales, S. 141.
[36] Ebd., S. 141.
[37] Ebd., S. 143.
[38] Jacques Le Goff: Geschichte und Gedächtnis, Frankfurt am Main 1999, S. 44.
[39] Rojas: „Schule" der Annales, S. 87.

Wiederherstellung der *Materialität* der Dinge anstrebe [...] sondern versuche, die Wahrnehmungsweise der Dinge ausfindig zu machen und festzustellen, warum sie in diesem Text so und nicht anders dargestellt werden"[40]. Er bemüht sich also um den Blickwinkel der Menschen der Feudalzeit in Bezug auf den von ihm untersuchten Forschungsgegenstand.

Wo die mentalitätsgeschichtlichen Annales häufig vergleichend vorgehen, werden in der ereignisgeschichtlichen Historiographie im Allgemeinen – räumlich wie thematisch – fest abgegrenzte Gegenstandsbereiche untersucht. Francois Simiand konstatierte, „Die überkommene Historie huldige [...] dem „Idol der Politik" [...] und dem „Idol der Chronologie", Überbetonung von Politik und Persönlichkeit und Sich-Verlieren in der fernen Vergangenheit"[41]. Der Positivismus ist zusammenfassend eher eine am Vorgehen der Naturwissenschaften orientierte Forschung mit beschreibenden Elementen der prägenden Ereignisse einer Epoche. Die Annales hingegen untersuchen „Eine Geschichte, die die gesamte Bandbreite und die Dimensionen ihres Interpretationscharakters erkundet und ausschöpft [...]"[42]. Wenn Bloch in den Anfängen der Annales diese als Wissenschaft vom Menschen in der Zeit bezeichnet, so schließt dies alle Epochen und alle Klassen und deren wissenschaftlich auswertbare Spuren ein, gleich in welcher Form. Dies ist es, was die annalessche Vorgehensweise, ihren Untersuchungsgegenstand, von dem der Ereignisgeschichte unterscheidet. „Die Globalgeschichte sagt uns, daß alles Menschliche und alles, was damit verbunden ist, *mögliches* und *einschlägiges* Objekt der historischen Analyse ist"[43]. Mit speziellem Blick auf Dubys Haltung gegenüber der Ereignisgeschichte ist anzumerken:

> Duby kritisiert vor allem zwei Aspekte an dieser Art der Geschichtsschreibung: Zum einen reduziere sie die Komplexität unüberschaubarer kausaler Zusammenhänge auf die Eindimensionalität einer linearen Erzählung, zum anderen behandele sie einen römischen Feldherren wie einen mittelalterlichen König nach dem selben Maßstab einer ahistorischen „nature humaine" „[...] ohne jene tiefer liegenden Veränderungen zu berücksichtigen, die sich der Intentionalität menschlicher Handlungen entziehen und sie doch unbemerkt bestimmen [...]"[44],

---

[40] Duby, Lardreau: Dialoge, S. 84.
[41] Erbe, S. 30.
[42] Rojas: „Schule" der Annales, S. 87.
[43] Ebd., S. 92.
[44] Axel Rüth: Erzählte Geschichte. Narrative Strukturen in der französischen Annales-Geschichtsschreibung, Berlin 2005, S. 55.

womit natürlich nichts anderes gemeint ist, als das Mentalitäten der jeweiligen Epochen nicht berücksichtigt werden. Es könnte bei einer eher flüchtigen Betrachtung also der Eindruck entstehen, dass die Annales, im Speziellen ihr mentalitätsgeschichtlicher Zweig, und die Ereignisgeschichte zwei völlig konträre Pole darstellen.

> Bei der Ablehnung der Politikgeschichte geht es um die Zurückweisung einer eindimensionalen, häufig monokausal konzipierten Geschichtsauffassung. Im Mittelpunkt der historischen Forschung der <u>Annales</u> stehen die in sozialen Verbänden zusammenlebenden Menschen. [...] Es gilt, [...] die Aufsplitterung der Historie in Partikulargeschichten zu vermeiden.[45]

Die Annales-Forschung ist also keine reine Faktenanhäufung. Sondern vielmehr der Versuch, in der Mentalitätsgeschichte hinter Denkstrukturen und -muster zu blicken. Dass Febvre und Bloch selbst keine Politikgeschichte betrieben, ja deren Vorgehen gar ablehnten, ist aber nicht gleichbedeutend mit politischem Desinteresse seitens der Annales-Gründer. Beide waren politisch interessiert, und wie am tragischen Beispiel Blochs im Zweiten Weltkrieg festzumachen, sogar bereit, für ihre Überzeugungen zu kämpfen und letztlich auch zu sterben. Tatsächlich gab und gibt es auch innerhalb der Annales zu Recht Stimmen, die nach der Notwendigkeit der Abgrenzung von der etablierten Ereignisgeschichte auf die spätere Notwendigkeit hinweisen, selbige zu beachten. Paradox? Nicht wirklich. Denn wenn die Mentalitätsgeschichte Strukturen untersucht, greift sie durchaus auch auf Ereignisse zurück – sie nutzt diese und deren Rezeption, um Strukturen zu kennzeichnen. Das Ereignis kann mit Koselleck „Indikator für soziale, rechtliche oder wirtschaftliche Vorgegebenheit langfristiger Art [...]"[46] sein. Wo nun jedoch in der positivistischen Ereignisgeschichte in der Mediävistik lediglich Ereignisse rund um „große" Persönlichkeiten – etwa der Tod eines Königs und die damit einhergehenden möglichen politischen Konsequenzen wie Erbfolgestreit oder Kriege um die Neuordnung des Reichs – interessant wären, untersucht Duby in der „Geschichte des privaten Lebens" die Strukturen in einer größeren Dimension. Er interessiert sich für mentale Einstellungen der Menschen gegenüber solchen Phänomenen, ihren Umgang damit, bei dem der Ereignischarakter selbst im Hintergrund steht. Es geht Duby trotz aller angeführten Anekdoten nicht primär um außergewöhnliche Fälle, sondern vielmehr um die Gesamtheit des Denkens und Handelns einer Epoche wie in diesem Fall der Feudalzeit. Struktur durchschauen, das ist sein Ziel. Dabei behauptet Duby an keiner Stelle, die positivistische

---
[45] Riecks, Sozial- und Mentalitätsgeschichte, S. 65.
[46] Reinhart Koselleck: Vergangene Zukunft, Frankfurt 1989, S. 147f.

Herangehensweise sei falsch. Tatsächlich sind die Darstellungen nur schwerlich vergleichbar, führt man sich vor Augen, welche Differenzen allein in den betrachteten Zeiträumen von ereignisorientierter und strukturfokussierter Forschung in der Mediävistik vorherrschen.

Dass er dennoch dem Forschungsansatz der Annales den Vorzug gibt, verhehlt Duby nicht: „Sehr viel fleischlicher, sinnlicher und vor allem nützlicher als die oberflächliche Geschichte herausragender Individuen wie Fürsten, Generäle, Prälaten oder Finanzmänner [...] war die Geschichte des einfachen Mannes, des in die Gesellschaft eingebundenen Menschen [...]"[47]. Dies ist nicht weiter verwunderlich, angesichts dessen, dass er sich an Bloch orientiert. Dennoch bedient Duby sich der Ereignisse, um anhand ihres Geschehens und unter Zuhilfenahme aller bekannten Fakten über eine bestimmte Zeit aus der Wissenschaft etwas über die Kultur an sich zu erfahren. Oder, wie es Rüth formuliert, „Dem Individuellen kommt die Aufgabe zu, das Allgemeine sichtbar zu machen [...]"[48]. Diese Vorgehensweise beschränkt sich nicht allein auf die „Geschichte des privaten Lebens"; ein herausragendes Beispiel ist etwa sein Werk über die Schlacht von Bouvines, in dem Duby nicht nur Spuren wie Schriftstücke auswertet, sondern auch zeigt, inwiefern sich die Rezeption des konkreten Ereignisses je nach Epoche und Hintergrund der Rezipienten unterschieden und in der Auslegung verändert hat. Seine Entscheidung, die Schlacht selbst wie ein Bühnenstück darzustellen, geht wiederum konform mit dem Ziel, auch wissenschaftliche Erkenntnisse in für eine möglichst breite Masse lesbare Form zu bringen. Dies ist nicht unbedingt typisch für die Annales, haben diese doch „[...] in ihren mitunter sehr polemischen Aufsätzen diese Art der historischen Sinnproduktion und Erklärung stets auf die politische Ereignisgeschichte beschränkt"[49]. Was das narrative Element betrifft, nimmt Duby hier – wenngleich keineswegs als einziger, auch Le Goff mit seiner „Geburt des Fegefeuers" wäre beispielhaft zu nennen – eine Sonderstellung ein. „Von einer Absage ans Erzählen kann [...] *(bei Duby)* keine Rede sein"[50]. Mehr zu Dubys Schreibstil in Kapitel Vier.

Diese ansatzweise ambivalente Haltung zu Mentalitäts- und Ereignisgeschichte erklärt der Duby-Biograph Seischab wie folgt: „Seiner Meinung nach ist das als oberflächlich diffamierte Ereignis als eine Art Symptom zu verstehen, das punktuell die darunter sich vollziehenden Tiefprozesse offenbart [...]"[51] Letztlich gilt für die Zeit, in der Georges Duby auf der „Bühne" der Annales seinen Platz eingenommen hatte, und ehe er die „Geschichte des privaten Lebens" mitveröffentlichte, dass die großen „Schlachten" zwischen den Annales und

---

[47] Georges Duby: Eine andere Geschichte, Stuttgart 1992, S. 13.
[48] Rüth: Erzählte Geschichte, S. 60.
[49] Ebd., S. 13.
[50] Ebd., S. 67.
[51] Steffen Seischab: Georges Duby. Geschichte als Traum, Berlin 2004, S. 98.

den Vertretern einer strikt positivistischen Ereignisgeschichte, in der sich jede Disziplin durch größtmögliche Bloßstellung und Verdammung der anderen zu profilieren suchte, größtenteils geschlagen waren. So heißt es etwa in den „Dialogen" Anfang der 1980er Jahre, es „[...] wäre eine billige Kritik der Ereignisgeschichte heute nicht mehr zeitgemäß – [...] es ist nun eher an der Zeit, neu zu überdenken, was wir ihr verdanken"[52] Wenn Duby also selbige kritisiert, dann nicht, um die Notwendigkeit für Geschichtswissenschaft wie Mediävistik gänzlich zu negieren. Sondern vielmehr mit der Absicht, denjenigen Gegenständen größeres Interesse zukommen zu lassen, die den Boden für ereignisgeschichtliche Erkenntnisse überhaupt erst bereiteten.

---

[52] Duby, Lardreau: Dialoge, S. 12.

3. Die Mentalitätsgeschichte im Kontext der Annales. Der Versuch einer Zuordnung Georges Dubys

3.1 Kennzeichen der Mentalitätsgeschichte

3.1.1 Untersuchung der Begriffsdefinitionen

Was die Annales als Dach einer historisch-mediävistischen Forschungsbewegung auszeichnet, ist bereits deutlich geworden. Nun soll das Hauptaugenmerk einem speziellen Zweig derselben zugewandt werden, zu deren Speerspitze Georges Duby gezählt werden kann: Der Mentalitätsgeschichte. Was zeichnet diese aus, wie, wann und wo fand sie Akzeptanz, und was macht Duby zu einem ihrer führenden Vertreter?

Zunächst: Ein Beleg für die Akzeptanz der annalesschen Mentalitätsgeschichte ist auch außerhalb Frankreichs deutlich erkennbar. So schreibt etwa Riecks bereits 1989, es sei eine rapide „[...] Übernahme des Ausdrucks „histoire des mentalités" durch nichtfranzösische Historiker [...]"[53] zu verzeichnen. Gleichwohl soll an dieser Stelle zwar nicht näher auf regionalspezifische Unterschiede eingegangen, aber doch zumindest darauf verwiesen werden, dass die Annales sich seitdem in diversen Formen mediävistischer und historischer Forschung rund um den Globus wiederfinden. Konkrete Beispiele für mentalitätsgeschichtliche Forschung – auch wenn die Autoren sich häufig nicht explizit als Anhänger der Annalesbewegung zu erkennen geben – finden sich in der deutschen Mediävistik und Geschichtswissenschaft etwa bei Goetz, Althoff, Dinzelbacher oder auch Emmelius, Freise und von Moos, die häufig explizit auf Quellen aus dem Umfeld der Annales in Bezug auf ihre Forschungen verweisen, zumindest aber diese in ihren Fußnoten als Vorbilder und Quellen kenntlich machen. Insbesondere der zuletzt genannte Autor, sowie die häufig auf seinen Thesen aufbauenden beiden zuvor Genannten, beschäftigen sich wie Duby mit der Definition und Begrifflichkeit des Privaten im Mittelalter. Auffällig ist bei von Moos, dass er in seiner Abhandlung mit dem Thema „Öffentlich und privat im Mittelalter" in einem Kapitel zur Semiologie denselben Ansatz wie Georges Duby verwendet, indem er vom Wort ausgeht. So lauten auch die einführenden Sätze fast gleich: „Schon beim ersten Blick in die einschlägigen Wörterbücher stößt man auf eine merkwürdige Sprachdifferenz [...] *Privatus* ist eine Erweiterung von *privus* [...][54]" bei von Moos; „In französischen Wörterbüchern [...] findet sich das Verbum „priver" in der Bedeutung ‚zähmen, domestizieren'"[55] bei Duby. In

---
[53] Riecks: Sozial- und Mentalitätsgeschichte, S. 1
[54] Peter von Moos: 'Öffentlich' und 'privat' im Mittelalter. Zu einem Problem historischer Begriffsbildung, Heidelberg 2004. (Schriften der Philosophisch-historischen Klasse der Heidelberger Akademie der Wissenschaften, Band 33), S. 10ff.
[55] Georges Duby, Philippe Ariès (Hg): Geschichte des privaten Lebens, 5 Bände, Band 2: Vom Feudalzeitalter zur Renaissance, Frankfurt am Main 1990, S. 17.

der Folge untersuchen beide die Bedeutung von Begriffen in ihrem jeweiligen zeitlichen Umfeld sowie die Entwicklungen, die sich im Lauf der Zeit daraus ergeben. Dennoch findet sich bei von Moos keinerlei Hinweis auf das rund zehn Jahre vor dessen Werk – das im Übrigen trotz sinnvoller Untersuchungen verglichen mit der „Geschichte des privaten Lebens" keine neuen Erkenntnisse zum Thema liefern kann – erschienene dubysche Ouevre. Lediglich in einem späteren Kapitel bezeugt der Autor seine Kenntnis der „Geschichte des privaten Lebens", indem er deren Titel kritisiert: „‚Privatleben' erinnert im Deutschen allzu leicht an jene Absonderung und Rückzugsbewegung der weiblich bestimmten Kernfamilie als Hort des rekreativen Konsums [...]"[56]. Hierzu ist allerdings zu bemerken, dass von Moos, wie auch Caroline Emmelius und Friedrun Freise in dem vergleichbaren 2004 erschienen Sammelband „Offen und Verborgen", letztlich keine klassische Mentalitätsgeschichte betreiben. Dies sei als kurzes Beispiel an dieser Stelle eingeschoben; in Kapitel 5 wird nochmals genauer auf Dubys Vorgehensweise sowie verwandte Ansätze auch und gerade in der deutschen Mediävistik eingegangen werden.

Doch, um von diesem kurzen Exkurs zu außerfranzösischen Forschungsansätzen auf die Untersuchung der Begriffsdefinition zurückzukommen: was genau kennzeichnet die Mentalitätsgeschichte – von manchen auch synonym als Mentalitätengeschichte bezeichnet – der Annales? Was sind ihre Kernpunkte, Besonderheiten, Ziele?

Zunächst einmal ist festzuhalten, sie wird „[...] von einer Vielzahl von Standpunkten her geschrieben. [...] Dementsprechend finden sich unterschiedliche Antworten auf die Frage, was Mentalitäten und Mentalitätsgeschichte sein sollen"[57]. Gleichwohl, dies sei vorausgeschickt, ist es für die vorliegende Studie – vergleichbar der Diskussion um die Bezeichnung der „Schule" der Annales – letztlich nicht möglich eine Festlegung zu treffen, welche der zahlreichen Definitionen des Terminus „Mentalität" dem Begriff der „Mentalitätsgeschichte" gerecht werden. Doch sollen zumindest einige Aspekte dessen genannt werden, was die von Duby in den Mittelpunkt eines großen Teils seiner Forschung gerückte „Mentalität" kennzeichnet.

> Daß nicht das Individuum Träger von Mentalitäten sein kann, sondern Mentalitäten an eine größere Gruppe gebunden sind, ist allgemein akzeptiert. [...] ‚Mentalitäten' stehen zwischen Individuellem und Kollektivem, zwischen Idee und Verhalten. Sie gewinnen ihren Sinn nicht aus sich, sondern als

---

[56] Von Moos: Öffentlich und privat im Mittelalter, S. 61.
[57] Riecks: Sozial- und Mentalitätsgeschichte, S.1.

kulturelle Ausdrucksformen des Handelns und Bewusstseins bestimmter sozialer Gruppen.[58]

So eine Definition in Anlehnung an Erklärungsversuche des Begriffs von Seiten Mandrous, Goldmanns, Peyronnets, Hüttls, Baehrels und Le Goffs. Mentalitätsgeschichte sei eine

> [...] Geschichte des Unbewußten wie des Bewussten, des Emotionalen wie des Rationalen, der [...] Ideen und Philosophien, als Geschichte die den geistig-psychologischen Bereich weder vom Körper noch von den materiellen Bedingungen löst, sondern einbettet in die Geschichte der sozialen Gruppen, der konkreten menschlichen Lebensräume[59]

formuliert Sabine Jöckel recht weiträumig ihre Definition. Eine weitere findet sich bei Raulff, wo die Mentalitätsgeschichte durch drei Kriterien bestimmt wird:

> Zum ersten durch ihre Betonung der kollektiven anstelle der individuellen Einstellungen [...] die Untersuchung der Wahrnehmung [...] oder des ‚Alltagsdenkens' [...] Drittens schließlich durch ihr Interesse [...] für Kategorien, für Metaphern und Symbole, dafür *wie* die Leute denken und nicht nur dafür *was* sie denken.[60]

Als eine Geschichte der Systeme und Überzeugungen, Werte und Vorstellungen einer Gruppe sieht und klassifiziert Roger Chartier die Mentalitätsgeschichte. „Außerdem ist klar, daß die Geschichte der Mentalitäten (als Teil der soziokulturellen Geschichte) [...] das Kollektive, das Automatische, das Repetitive zum Gegenstand hat [...]"[61]. Die Definition Erbes stellt die Mentalitätsgeschichte ebenfalls als einen Sonderzweig der Annales heraus. Hier muss allerdings angemerkt werden, dass eine solch explizite Erläuterung des Begriffs an sich heute, da die Mentalitätsgeschichte global verbreitet ist, keiner Erklärungen wie noch zur Entstehungszeit der folgenden Definition mehr bedürfte:

---

[58] Ebd., S. 80f.
[59] Sabine Jöckel: Nouvelle histoire und Literaturwissenschaft, 2 Bände, Rheinfelden 1984 S.55.
[60] Peter Burke: Stärken und schwächen der Mentalitätengeschichte. In: Ulrich Raulff (Hg.): Mentalitäten-Geschichte. Zur historischen Rekonstruktion geistiger Prozesse, Berlin 1987, S. 127.
[61] Roger Chartier: Intellektuelle Geschichte und Geschichte der Mentalitäten. In: Raulff, S. 79.

> Einer der wichtigsten Bereiche dürfte indessen der sein, der in das Gebiet der Anwendung psychologischer Methoden auf die Geschichtswissenschaft übergreift und den man gewöhnlich im Anschluß an die ‚Annales'-Historie angewöhnt hat als Mentalitätsgeschichte zu bezeichnen [...] bei der die Erforschung der Mentalitäten, aber auch die quantitativer Daten über biologische und physische „Fakten" im Hinblick auf den Menschen im Vordergrund stehen.[62]

Und an anderer Stelle heißt es zu den Neuerungen durch die Mentalitätsgeschichte: „In ihr wird nicht nur den materiellen Gegebenheiten und den Lebensgewohnheiten des „Durchschnittsmenschen", sondern auch dem emotionellen und geistigen Klima nachgegangen, das auf ihn einwirkte"[63].

„Sie siedelt an der Schnittstelle zwischen Individuellem und Kollektivem, Langfristigem und Alltäglichem, Unbewußtem und Geplantem, Strukturellem und Konjunkturellem, Marginalem und Allgemeinem"[64]. So Jacques Le Goff. Für ihn definiert sich Mentalitätsgeschichte also darin zu erforschen, was die Individuen einer Epoche oder Gesellschaft gemein haben. Es ist, zumal in der von ihm wie auch von Duby primär untersuchten Feudalzeit, die Forschung nach der gemeinsamen Verbindung zwischen Königen und Bauern, Herrschenden und Beherrschten. „Die Mentalität ist das, was sich am langsamsten ändert. Die Mentalitätengeschichte ist die Geschichte der Langsamkeit in der Geschichte"[65]. Rojas wiederum sieht in einer modernen Arbeit über die Mentalitätsgeschichte in ihr primär einen bewussten Bruch mit den Forschungen der Vorgänger. „Betrachten wir die wichtigsten Werke der dritten Annales-Generation [...] wird klar, daß es gegenüber den Projekten sowohl der zweiten wie auch der ersten Generation einen radikalen Wandel gab"[66].

Ob die Anwendung und Hinzuziehung neuer methodischer Ansätze, wie sie die Mentalitätsgeschichtler der Generation Dubys mit der Zuhilfenahme von etwa Psychologie, Geographie oder Kunstgeschichte unbestreitbar anwendeten, damit gleichzeitig tatsächlich einen „radikalen Wandel" einläuteten, kann durchaus kritisch in Frage gestellt werden. Schließlich waren diese Neuerungen Kernpunkt der gesamten Bewegung der Annales. Dubys Ziel bestand vielmehr in der Fortführung von Febvres und Blochs Ansätzen durch die Untersuchung des begrifflichen Werkzeugs einer – je nach Untersuchungsgegenstand –

---

[62] Erbe, S. 60ff.
[63] Ebd., S. 110.
[64] Le Goff in Raulff: S. 22.
[65] Ebd., S. 23.
[66] Rojas: „Schule" der Annales, S. 44

Gesellschaft, Epoche oder Kultur mit Hilfe der Analyse von Sprache sowie Kulturmodellen, die auch, wie in der „Geschichte des privaten Lebens" deutlich wird, die Kunst einbezieht. Hinzu kommen die Untersuchungen von Mythen und Blickwinkeln auf die Welt- und Glaubensvorstellungen der untersuchten Klasse. Zusammenfassend könnte man sagen: der kollektiven Mentalitäten. „Für Duby sollte die Mentalitätenforschung die Sozialgeschichte aus der einseitigen Anbindung an die Wirtschaftsgeschichte befreien"[67].

Den Ansatz zur Untersuchung kleinerer Gruppen entlehnte Duby der amerikanischen Historiographie, war damit jedoch zu Beginn seiner Forschungen zumindest im Kreis der Annales relativ ausgegrenzt. Gleichwohl seine Forschungen anerkannt wurden, schlossen sich verhältnismäßig wenige andere Forscher seinem Vorgehen an. Viele orientierten sich eher an Duponts Modell der tiefenpsychologischen Mentalitätsforschung. Auch aus diesem Grund nimmt Duby im Umfeld der Annalesbewegung einen Sonderstatus ein – viele Wege beschritt er häufig (zunächst) allein. Einer allgemeinen Ausrichtung folgte jedoch auch er, nämlich blieb die Mentalitätsgeschichte der 1960er Jahre in enger Verbindung mit sozialgeschichtlichen Fragestellungen, „[...] ja, dies mag mit Blick auf das Klischee der apolitischen *Annales*-Strömung überraschen, sogar mit zentralen politikgeschichtlichen Problemen"[68].

Fest steht, dass Duby sich zwar an Bloch und dessen Werk orientierte, hier aber neue Wege beschritt, indem er etwa Gerichtsakten und Testamente als Quellen nutzte. „Nicht allein die neuen Fragestellungen trieben die Mentalitätsgeschichte voran, sondern konkret war es die Erschließung neuer, bislang unbeachteter Quellen, die den Arbeiten Anerkennung unter den Fachkollegen und vor Jurys garantierte"[69].

3.1.2 Die mentalitätsgeschichtliche Forschung – eine Spaltung innerhalb der Annales?

Wenn also konstatiert wird, der mentalitätsgeschichtliche Zweig der Annales stelle durch gegenüber den Vorgängern eine Diskontinuität her, weil er die Blochschen Wirtschafts- und Sozialgeschichte zurückdränge – „Um allgemein über sie (*die Mentalitätsgeschichte, Anm.d.Verf.*) berichten zu können, wurde der bekanntlich *ambigue*, kaum begrenzte und eher problematische als nützliche Begriff der „Mentalitäten" erdacht"[70] – ist festzuhalten, dass sich zumindest in einem Punkt eine gewisse Abgrenzung zum Rest der Annaleschen Forschung durchaus feststellen lässt:

---

[67] Lutz Raphael: Die Erben von Bloch und Febvre. Annales-Geschichtsschreibung und nouvelle histoire in Frankreich 1945-1980, Stuttgart 1994, S. 340.
[68] Ebd., S. 362.
[69] Ebd., S. 363.
[70] Rojas : „Schule" der Annales, S. 145.

Die Mentalitätsgeschichte wird von der Sozial- und Wirtschaftsgeschichte getrennt. Sie erscheint in einer dritten Phase der Entwicklung der französischen Historiographie, nach deren einheitlicher Konzeption gar nicht mehr gefragt wird. [...] Die Geschichtskonzeption der <u>Annales</u>, die „histoire totale" wird [...] als Konvergenz multidisziplinärer und multiperspektivischer Annäherungsversuche an die Totalität menschlichen Zusammenlebens in sozialen Verbänden der Vergangenheit beschrieben.[71]

In dieser „histoire totale" ist das Ziel nicht, die Geschichte in einzelne Segmente aufzuteilen und diese dann abgetrennt voneinander zu untersuchen. Im Gegenteil soll das Zusammenleben- und wirken von Menschen in einer Epoche und Gesellschaft als Totalität betrachtet werden. Dies ist eine der Hauptgrundlagen für eine Forschung, deren Arbeit interdisziplinär und multiperspektivisch sein muss und erkennt an, dass

[...] Wissenschaft ein prinzipiell unabschließbarer Prozeß des Erforschens ist. [...] Weil die Mentalitätsgeschichte in allen Bereichen - von der Politik bis zur Demographie - die Relation zwischen den empirisch analysierbaren materiellen Bedingungen und der geistig-psychologischen Dimension des menschlichen Sichverhaltens aufzeigt, kommt ihr innerhalb der „histoire totale" eine Schlüsselbedeutung zu.[72]

Riecks weist früh auf die „[...] Bedeutung interdisziplinärer Kontakte bei der Entstehung der Mentalitätsgeschichte [...]"[73] hin, ein Punkt, den auch Dinzelbacher herausstreicht. Als typisches Erkennungsmerkmal für die Mentalitätsgeschichte beschreibt er deren „[...] Öffnung gegenüber den kulturwissenschaftlichen Nachbardisziplinen wie Anthropologie, Psychologie, Völker- und Volkskunde, Religionswissenschaften [...]"[74]. Also ein Vorgehen wiederum ganz in der Tradition der Annales. Einen weiteren wichtigen Ansatz der Mentalitätsgeschichte nennt Burke, wenn er schreibt, es reiche nicht „[...] sich in die Menschen einer anderen Kultur oder ihre Situation hineinzuversetzen, um ihr Verhalten zu verstehen; es ist darüber hinaus notwendig, sich ihre Definition der Situation zu eigen zu machen, sie mit ihren Augen anzusehen"[75] um ihr gerecht zu werden. Dass Dubys

---

[71] Riecks: Sozial- und Mentalitätsgeschichte, S. 124f.
[72] Ebd., S. 145.
[73] Ebd., S. 100.
[74] Dinzelbacher, Europäische Mentalitätsgeschichte, S. 15f.
[75] Raulff (Hg.): Mentalitäten-Geschichte, S. 132.

Forschungen und die von den Annales im Allgemeinen untersuchten Mentalitäten nicht unendlich formbar sind, wenngleich natürlich Unterschiede zwischen verschiedenen Mentalitäten aufgezeigt werden können, hat Burke ebenfalls festgestellt: „Der Konstituierung von Wirklichkeit durch Individuen und Gruppen sind Grenzen gesetzt, die man nicht aus dem Blick verlieren darf"[76]. Mehr zu Dubys Haltung hierzu im Punkt über sein Arbeiten mit und in dem Bereich der Imagination.

Die Annales mentalitätsgeschichtlicher Prägung unterschieden sich von ihren Vorgängern durch ihre kritischere Haltung gegenüber einer globalen Geschichte, was sich auch bei Duby beispielhaft in der von ihm des Öfteren betonten Konzentration auf spezifische räumliche Gebiete und Stände äußert. Zudem verlagerte sich „[...] das zentrale Problem- und Interessenfeld der Zeitschrift von der Wirtschafts- und Sozialgeschichte auf die historische Anthropologie und die Mentalitäten [...]"[77].

Wenn nun in diesem Zusammenhang Le Goff sinngemäß feststellt, dass diese „neue Geschichtsschreibung" sich zwar an den Maßstäben der Annales orientiert, jedoch keine festen Regeln der Herangehensweise aufweist, wird wiederum deutlich, dass sich die Mentalitätsgeschichte nicht endgültig universal definieren lässt. Rojas schreibt hierzu, dass die „[...] Artikulationsachse des dritten Annales-Projektes ausschließlich in einem *geteilten Problemfeld* bestand, dem Feld der Mentalitäten [...] und *nicht* [...] in einer klaren methodologischen Orientierung und einer definierten theoretischen Perspektive"[78]. Nicht vergessen werden dürfen auch die von mehreren der Annales-affinen Forschern des Öfteren erwähnten und in Punkt 1 bereits angesprochenen Autoren, die quasi „avant la lettre" bereits Mentalitätsgeschichte betrieben haben. Als wichtig wäre hier etwa Johann Huizinga und sein erstmals bereits 1919 veröffentlichtes Werk „Herbst des Mittelalters" zu nennen.

Raulff erklärt zwar die Entstehung der Mentalitätsgeschichte als ausgehend von Frankreich „[…] und von der sogenannten ‚Schule der Annales'. [...] an die Stelle des privilegierten *homo politicus* trat der *homo humanus* schlechthin; Geschichte wurde – jedenfalls allmählich – zur historischen Anthropologie"[79]. Jedoch gibt auch er zu: „Bis heute aber gibt es [...] keine Theorie der Mentalitäten oder des Mentalitätenwandels"[80]. Stattdessen bleiben Definitionen vage und problematisch, ebenso wie der Versuch konkret festzulegen, wo der Bereich der Mentalitäten überhaupt beginnt. Schließlich überspannt der Bereich der wissenschaftlich als mentalitätsgeschichtlich betrachtete Forschung einen weiten Bereich „[...] zwischen den zu

---

[76] Burke In: Ebd., S. 139.
[77] Rojas : „Schule" der Annales, S. 146.
[78] Ebd, S. 147.
[79] Raulff: Mentalitäten-Geschichte, S. 7f.
[80] Ebd., S. 9.

einer Sachkultur gehörigen Praktiken und Formen des Umgangswissens und den kategorialen Formen des Denkens"[81]. Raulff stellt somit nicht zu Unrecht die Frage, ob sich mentale Befindlichkeiten überhaupt theoretisch fassen lassen. Ebenso zu vertreten wäre die Ansicht, dass sie in ihren Manifestationen bestenfalls beschrieben werden können – auch hier sei wiederum auf den Umgang Dubys mit diesen scheinbaren Grenzen unter Punkt 4.5 verwiesen. Es ist also zusammenfassend festzustellen, dass es keine rundum zufrieden stellende Definition dessen, was Mentalitätsgeschichte ist, gibt. So heißt es etwa bei Rojas: „Sie besaß aber [...] keinen homogenen und gut abgegrenzten Charakter, sondern entfaltete sich im Gegenteil durch verschiedene Strömungen und Modelle"[82]. Auf den Punkt bringt die Forschungslage Dinzelbacher, der in seinem Werk zur Europäischen Mentalitätsgeschichte erkennt, der Begriff der Mentalität gehöre in einen Zusammenhang, in dem er und verwandte Termini von verschiedenen Autoren mit unterschiedlichen Inhalten gefüllt werden würden. „[…] so ist für die Mentalitätsgeschichte noch kaum ein verbindlicher Kanon anzugeben, was alles Gegenstand der Forschung sein sollte. Noch viel weniger darf man heute allenthalben einen Konsens bei der Interpretation der Quellen erwarten"[83].

3.2 Rezeption, Definitionen und Umsetzung des mentalitätsgeschichtlichen Ansatzes in der Mediävistik und im Speziellen bei Georges Duby

Letzten Endes qualifizieren und in bestimmte Definitionen pressen lässt sich der Begriff der Mentalitäten also nicht. Er bleibt ein nicht zu füllender Raum, in dem diverse Erklärungsmuster Platz finden, ohne ihn je zur Gänze zu beherrschen. Was jedoch bestimmbar ist, sind die Untersuchungsfelder, die Georges Duby seiner Mentalitätsforschung zugrunde legt. Er untersucht die Epoche der europäischen Feudalzeit, kleinere Gruppen oder spezielle Gebiete, er arbeitet etymologisch, mit diversen Quellen von Kunst bis Statistik und somit interdisziplinär im Sinne der Annales Dieses Vorgehen Dubys findet sich in dieser Form auch in der „Geschichte des privaten Lebens".

Was aber zeichnet seine Mentalitätsgeschichte als einendes Element aus? Hier wäre die deskriptive Vorgehensweise in Bezug auf ihre Untersuchungsfelder zu nennen. Anstelle einer Globalgeschichte trat bei der Mentalitätsgeschichte, wie die „Geschichte des privaten Lebens" beispielhaft aufzeigt, eine Untersuchung abgegrenzter Zeiträume und Gruppen. Sie konzentrierte ihre Forschung auf „[...] diese oder jene Haltung, Institution, Glaubensüberzeugung oder Mentalitätserscheinung in einer bestimmten Epoche oder

---

[81] Ebd., S. 9.
[82] Rojas: „Schule" der Annales, S. 160.
[83] Peter Dinzelbacher (Hrsg.): Europäische Mentalitätsgeschichte. Hauptthemen in Einzeldarstellungen, Stuttgart 1993, S. 17.

Gesellschaft"[84], versuchte also nicht, universelle oder zeitlose Modelle zu entwickeln. Gleichwohl dies im Wesentlichen auch für Duby gilt, so doch nicht ausschließlich. Dies hat insbesondere mit seiner Orientierung an Bloch zu tun. Dass Duby sich Blochs Arbeitsweise durchaus annäherte, wenngleich er mit seiner Art der mediävistisch-mentalitätsgeschichtlichen Untersuchung doch eigene Pfade beschritt, zeigt die Tatsache, dass seine Mentalitätsgeschichte gesamte Gesellschaften zu erfassen trachtete. Wenngleich sein Hauptaugenmerk in der „Geschichte des privaten Lebens" größtenteils auf den Adelshäusern und gehobenen Ständen lag – erklärbar durch die bessere Verfügbarkeit an Informationen in diesem Bereich der feudalen Gesellschaft – so sind Bauern und einfache Bürger doch keineswegs gänzlich in der Betrachtung außen vor. Sei es in den Untersuchungen zu den „Situationen der Einsamkeit im 11. bis 13. Jahrhundert", oder zum Verhältnis der Menschen untereinander. Mönche wie Ritter, Bürger wie Adlige: Ihre Einstellungen zum Körper oder gegenüber dem Sakralen beschreibt Duby, wenn er etwa die Situation eines feudalen Dorfes namens Montaillou schildert. Dort sei „[...] das persönliche Gebet eine althergebrachte Gewohnheit, und zwar nicht nur bei den Außenseitern, die der Ketzerei verdächtig waren"[85]. Dennoch, sein Hauptaugenmerk liegt in den Adelshaushalten und Klöstern, weshalb er in den Dialogen mit Guy Lardreau diesbezüglich festhält: „[...] im Fall einer so entlegenen Epoche wie dem Mittelalter hat offensichtlich nur der Gipfel, die äußerste Spitze des Gesellschaftsgebäudes genügend markante Spuren hinterlassen, um noch lesbar zu sein"[86]. An anderer Stelle schreibt er: „Die Bauern können wir nur mit den Augen der Landesherren sehen"[87].
Doch macht die Tatsache, dass er sie in gerade den Momenten zeigt, in denen sie wiederum von außen, durch die Augen „Großer" wahrgenommen werden, Duby nicht doch wieder Ereignisgeschichtler? Sicher nicht. Denn auch viele individuelle Adlige und Kleriker sind bzw. waren für das epochal Umwälzende, das Ereignishistorische und Paradigmenwechselnde größtenteils von verschwindend geringer bis gar keiner Bedeutung.
In den „Dialogen" wird die Epoche des Feudalismus selbst als eine zwingend unter dem Aspekt der Mentalitäten zu betrachtende Angelegenheit dargestellt, da man im Feudalismus „[...] den Primat des Politischen erkennen kann und da er notwendigerweise eine Ideologie darstellt"[88]. Lardreau hebt die Bedeutung Dubys für eine progressive Denkweise in der Mediävistik hervor.

---

[84] Rojas: „Schule" der Annales, S. 162.
[85] Ariés, Duby: Geschichte des privaten Lebens, S. 492f.
[86] Duby, Lardreau: Dialoge, S. 67.
[87] Ebd., S. 68.
[88] Ebd., S. 33.

> Somit stellt Dubys Untersuchung der Mentalitäten nicht einfach eine „Bereicherung" der Geschichtswissenschaft dar [...] Indem es die Schwerpunkte und Perspektiven verschob, aus denen die mittelalterliche Gesellschaft bislang bevorzugt erfaßt worden war, schuf das Werk [...] Schritt für Schritt eine neue Theorie der Beziehungen, Vermittlungen und des Austauschs zwischen den verschiedenen, an jeder Gesellschaft erkennbaren Instanzen.[89]

Mentalitätsgeschichte fragt nach Leitlinien, anhand derer Menschen Vorstellungen entwickeln. Sie geht davon aus, dass die Denkweisen verschiedener Epochen einander keineswegs entsprechen. Sinngemäß mit Fernand Braudel definiert sich die Mentalitätsgeschichte ohnehin eher über ihre Methoden denn über ihren Forschungsgegenstand. In dem „neueren" Zweig seit den 1960er Jahren um Duby kam es zu einer stärker anthropologischen Ausrichtung der Mentalitätsgeschichte. Seitdem stand das Bild, das eine Gesellschaft von sich selbst besitzt und das ihr als gesellschaftliche Realität gilt, im Mittelpunkt des Interesses. Diese kollektive, subjektive Wirklichkeit ist Voraussetzung für gesellschaftliches wie individuelles Handeln. Neben den genannten Punkten sei auch auf das Kapitel zum Vergleich der Annales mit der Ereignisgeschichte verwiesen, das ergänzend zur Charakterisierung des mentalitätsgeschichtlichen Forschungszweiges beitragen kann.

Angesichts all der verschiedenen, teils gar gegenläufigen Versuche einer Begriffsbestimmung der Mentalitätsgeschichte gilt also festzuhalten: „Die Vorstellung der verschiedenen Gegenstandsbestimmungen und Definitionen von Mentalitätsgeschichte ergibt, daß hier ein sehr weites Feld möglicher Objekte historischer Analyse vorliegt"[90]. Es bleibt dabei allerdings fraglich, ob ein solcher Streit um eine genaue Festlegung des Begriffes an sich überhaupt Sinn macht. Letztlich ist es, wie die Diskussion zeigt, schwierig bis unmöglich, eine allumfassende und gleichsam allgemeingültige Definition zu erarbeiten. Da sich der Hauptteil des vorliegenden Fachbuchs mit Georges Duby beziehungsweise dessen Werk beschäftigt, ist es an dieser Stelle angebracht, sich anknüpfend an den Beginn dieses Unterpunktes dessen individueller Definition von annalesgeprägter Mentalitätsgeschichte zuzuwenden. Also: Duby geht davon aus, dass Menschen sich eher an Vorstellungen denn an tatsächlichen Gegebenheiten orientieren. Demnach drücken diese Bilder sich in einem Wertesystem aus, das „[...] seine eigene Geschichte besitzt und nicht als mechanischer Reflex der

---

[89] Ebd., S. 33f.
[90] Riecks: Sozial- und Mentalitätsgeschichte, S. 85.

ökonomischen Basis betrachtet werden darf. [...] Mit diesem Bereich steht notwendigerweise das Studium der Ideologien in Verbindung"[91].

Mentalitätsgeschichte ist im Zusammenhang mit Duby also als Begrifflichkeit für die Art des Vorgehens zu verstehen, das er unter anderem in der „Geschichte des privaten Lebens" betreibt. Zwar ist Duby zweifelsohne der Gruppe der Annales zuzurechnen, doch sind und waren, wie deutlich geworden sein sollte, nicht alle Annales gleichsam Mediävisten und beziehungsweise oder Mentalitätsgeschichtler, obwohl sich diese wiederum zumindest im weiteren Kreis der Annales wiederfanden. Er selbst gibt mit seiner Definition des Mentalitätsgeschichtebegriffs einen Leitfaden für die „Geschichte des privaten Lebens" an die Hand, wenn er schreibt:

> Das geistige Rüstzeug einer Zeit, die Erziehung und die Kindheit, die Kommunikationsstrukturen, die Geselligkeit, die Kultur, die Buch- und Lesegeschichte, die Glaubensvorstellungen, die Mythen und Symbole, die Höflichkeit, die Zeremonien und Rituale, die die Begegnungen zwischen Menschen steuern, das künstlerische Schaffen und seine Themen, die moralischen Regeln und Ideale und die philosophischen Ideen [...][92]

müssten Ziel der Untersuchungen der Mentalitätsgeschichte sein. Schwerpunkte, die sich auch aktuelle deutsche Mediävisten und Historiker wie etwa der erwähnte Althoff in seinen Untersuchungen zur Symbolik oder Dinzelbacher in Hinblick auf die Bedeutung des Zeremoniellen im Mittelalter in vielen ihrer Werke gesetzt haben.

Riecks stellt fest:

> Duby legt den Akzent auf das Maß, in welchem das Individuum die sozialen Vorstellungen, das habitualisierte Verhalten, die „Mentalität" seiner Umgebung teilt [...]. Zusammenfassend kann festgehalten werden, daß im Zentrum der <u>Annales</u>-Historiographie das konkrete Leben der Menschen steht. Das Leben der Namenlosen, über die kein zeitgenössischer Chronist eine Notiz hinterlassen hat [...].[93]

---

[91] Ebd., S. 86ff.
[92] Ebd., S. 83.
[93] Ebd., S. 75.

Es geht ihm somit weniger um einzelne Persönlichkeiten als vielmehr darum, was sich aus verschiedensten Quellen über Kultur, Lebenshaltung, Weltbild – eben die Mentalität – der Menschen des untersuchten Zeitraums und deren unmittelbaren Nachfahren erkennen lässt. „Für die französischen Sozialhistoriker sind die Menschen in seiner sozialen Gruppe durch eine ihnen gemeinsame Mentalität verbunden. Diese wird in der so genannten „histoire des mentalités" erforscht"[94]. Diese Definition ist plausibel, doch auch sie ist nicht allumfassend. Der Begriff der Mentalitätsgeschichte ist wohl auch deshalb so schwer einzugrenzen, weil er selbst einen Konsens für eine Forschungsausrichtung darstellt, der sich aus einer Vielzahl von Vorschlägen als letztlich am breitesten akzeptierter Terminus herausstellte. Es könnte so auch etwa Huizinga den Mentalitätsgeschichtlern zugeordnet werden – betrachtet man Definitionen wie die Huttons, Mentalität sei „[...] a code name for what used to be called culture"[95]. Allerdings wäre Huizinga dann eher Vorläufer gewesen, entstand doch sein „Herbst des Mittelalters", auf den diese Definition zutreffen würde, wenngleich er sich anders als die Annales auf Elitenforschung konzentrierte, bereits im Jahr 1918. So war und ist auch die Mentalitätsgeschichte in sich nicht einheitlich, was eine konkrete Definition natürlich zusätzlich erschwert. „Jacques LE GOFF etwa wandte sich dem *imaginaire* zu, jüngere französische HistorikerInnen wie Régine LE JAN untersuchen, einerseits in der Nachfolge ARIÈS [...] Tod, Kindheit, Ehe und Familie als anthropologische Kategorien"[96].

Neben dem Begriff „histoire des idéologies" verwendete Georges Duby selbst für seine Herangehensweise an die Mentalitätsgeschichte teilweise den Ausdruck von der „histoire de l'imaginaire", um das zu bestimmen, was mit dem Materiellen und dem Sozialen die Entwicklung von Gesellschaften beeinflusst. Es geht ihm dabei um die Tatsache, dass „[…] nicht allein die „objektiven Gegebenheiten" das Verhalten der Menschen beeinflussen, sondern vielmehr die Vorstellungen der Menschen von den Gegebenheiten [...] Verhaltensmodelle und Vorstellungen werden im Ausdruck „l'imaginaire" angesprochen"[97]. Die „histoire de l'imaginaire" erforscht also Zusammenhänge von objektiver Realität, menschlichen Vorstellungen und entsprechendem Verhalten. Eine Maßgabe Le Goffs lässt sich auch, wie an späterer Stelle mit Beispielen unterstrichen werden wird, in der „Geschichte des privaten Lebens" finden: „Bei Jacques LE GOFF wird „l'imaginaire" von einer

---

[94] Ebd., S. 76
[95] Ebd., S. 91.
[96] Jens Schneider: Mittelalterforschung zwischen den Kulturen. In: Hans-Werner Goetz (Hrsg): Das Mittelalter. Perspektiven mediävistischer Forschung. In: Zeitschrift des Mediävistenverbandes Band 5, Heft 1, Dresden 2000, S. 152f.
[97] Riecks: Sozial- und Mentalitätsgeschichte, S. 94.

bestimmten Quellengattung her definiert, von den „documents de l'imaginaire", den literarischen und künstlerischen Quellen"[98].

Genauer versucht Jöckel den etwas schwammigen Begriff des Imaginären zu definieren. Imagination bedeute Vorstellungsvermögen, Phantasie, Traum, Erfindungskraft. Alternativ wurden – ehe sich der Terminus der Mentalitätsgeschichte durchsetzte – für die histoire de'l imaginaire auch weitere Begriffe wie etwa „histoire de la sensibilité" verwendet. Febvre verlangt bei der Untersuchung von Mentalitäten „[...] die sozialpsychologische Analyse kollektiver Gefühle. Es geht ihm um die zeitspezifischen Unterschiede in der Erregbarkeit und den Gefühlskonstellationen der Menschen"[99].

In Hinblick auf die Diskussion um den Begriff ist auch ein äußerst kurzer Blick auf Dubys Vorgänger angebracht. So wurden die Begriffe „histoire des mentalités" und „histoire de la sensibilité" verschieden miteinander in Beziehung gesetzt.

> MANDROU gebraucht sie synonym; REINHARD setzt die „états de sensibilité" mit den „structures mentales" gleich. [...] Sellin, der Mentalität als Art und Weise bezeichnet, wie ein Kollektiv eine Situation deutet, will die Geschichte des Gefühls von diesem Vorgang des Sinnverstehens und der Wirklichkeitsauslegung unterscheiden.[100]

Auch die Forschungen Durkheims können hier Erwähnung finden. Philippe Ariés konstatiert, was auch in Bezug zu seinem und Dubys Ansatz für die „Geschichte des privaten Lebens" zu setzen ist:

> Die Variationen der Geburtenrate, des Lebensalters, der Verteilung von Bevölkerungsdichten, der Bevölkerungswanderungen, wie sie in der Zeit aufeinander gefolgt sind, erscheinen uns als zählbare Manifestationen von viel tieferen und verborgeneren Veränderungen der menschlichen Mentalität und der Vorstellung, die der Mensch sich von sich selbst macht.[101]

Duby selbst zufolge wiederum darf sich die Geschichtswissenschaft nicht mehr mit dem Konzept der „conscience collective" begnügen. Vielmehr sollten mit Hilfe interdisziplinären

---

[98] Ebd., S. 94.
[99] Ebd., S. 142.
[100] Ebd., S. 86.
[101] Philippe Ariés In: Ebd., S. 202.

Arbeitens die Mentalitätsgeschichtsforscher „[…] wenn auch aus größerer Entfernung und in anderen Rhythmen, der Situationen, der Beziehungen zwischen Individuen und Gruppen und der Veränderungen, die letztere hervorrufen"[102] beobachten. Allerdings schränkt Duby dies zumindest insofern ein, als „[…] Geschichtswissenschaft weder die Methoden noch die theoretischen Voraussetzungen der Psychoanalyse übernehmen, wohl aber von ihr lernen könne, neue Fragen zu stellen […]"[103]. Der Ausdruck „histoire des mentalités" dient also in der Geschichtskonzeption der Annales dazu, nicht einen bestimmten Gegenstand, die Mentalitäten, „[…] unter Ausschluß aller anderen vorzustellen, sondern die kollektiv-psychologische Orientierung innerhalb ihrer „histoire totale" zu umreißen"[104].

Letztlich blieb der Versuch, genauer definierte alternative Ersatzbegriffe für den Terminus der Mentalitätsgeschichte zu finden, erfolglos: Weder die „histoire des idéologies", die historische Anthropologie, Kulturgeschichte, histoire de l'imaginaire, oder auch die Geschichte des Gefühls konnten mehr als vage bis unbefriedigend definiert und auf einen genaueren Nenner als der mittlerweile am weitesten verbreitete und in wissenschaftlichen Kreisen keiner Erklärung mehr bedürfende Terminus der Mentalitätsgeschichte gebracht werden.

Ob überhaupt – ähnlich wie bei der Diskussion um den Begriff der „Schule der Annales" – eine fest eingrenzbare Mentalitätsgeschichte definierbar ist, wird etwa von Le Goff in Zweifel gezogen. Le Goff, „[…], der zwar Lucien FEBVRE, Georges DUBY und Robert MANDROU als die drei „Theoretiker" der Mentalitätsgeschichte bezeichnet hat, meint dennoch, daß es keine Theorie der Mentalitätsgeschichte gebe"[105], stellt er doch deren Methodik in Frage. Diese Kritik ist durchaus weiter fassbar und wird von ihren Verfechtern häufig auf das gesamte Konzept der Annales angeführt. Doch wie in deren großem Spektrum muss auch für den Aspekt der Mentalitätsgeschichte gelten, dass ihm einige grundlegende Punkte zueigen sind, die eine solche Klassifizierung durchaus zulässig machen:

> Obwohl der Begriff „Mentalität" heute oft als wenig reflektiertes Modewort Verwendung findet, kann die Mentalitätsgeschichte nicht als wissenschaftlich unseriös abgelehnt werden. […] Der Begriff „Mentalität" sollte soweit offen bleiben, daß er weiterhin – wie bei seiner Prägung – interdisziplinäre Kontakte ermöglicht. […] Es wird noch erforscht, welche menschlichen Lebensbereiche

---

[102] Ebd., S. 194.
[103] Ebd., S. 97.
[104] Ebd..
[105] Ebd., S. 121.

und wie der Verlauf der Geschichte durch kollektive Mentalitäten beeinflußt" werden.[106]

Duby schrieb 1991 zum Begriff der Mentalitäten: „Es ist unzulänglich, und wir haben es erst spät gemerkt"[107]. Doch von der Begrifflichkeit selbst abgesehen ist wichtig, was Duby konkret untersuchte, solange er sich mit der Bezeichnung des Mentalitätshistorikers identifizieren konnte. Ziel war, neben der Analyse materieller Faktoren wie Technik, Handel und Produktivität in der Forschung eben auch nicht-materielle Triebkräfte zur Geltung kommen zu lassen. „Wir spürten die dringende Notwendigkeit, weiter vorzustoßen, zu jenen Kräften, die nicht den Dingen innewohnen, sondern der Vorstellung, die man sich von den Dingen macht [...]"[108]. Duby trennt also die Untersuchungen der „langen Dauer" nicht von den materiellen Gegebenheiten der untersuchten Epoche, sondern versucht vielmehr, beidem einen Stellenwert einzuräumen. Dies wiederum vereinte er in seinem Verständnis unter dem Begriff der Mentalität. „Andere, von den Wörtern „Geist" oder Idee" abgeleitete Begriffe hätten unserer Ansicht nach das Immaterielle zu stark betont [...]"[109]. An anderer Stelle schreibt Duby: „So wenig wir akzeptierten, den Geist vom Körper zu trennen, so wenig waren wir bereit, das Individuum aus der sozialen Körperschaft herauszulösen"[110]. Der dubysche Mentalitätsbegriff subsummiert somit die Gesamtheit der Bilder und Denkmuster aller sozialen Komponenten und Mitglieder einer Gruppe.

Weiter sagt Duby an anderer Stelle zur Mentalitätsgeschichte: „c'est que l'histoire des mentalitès n'est pas possible sans une connaisance très sûre et très approfondie des structures de base èconomiques, politiques et sociales"[111]. Er vertritt also den Standpunkt, dass die Menschen ihrer jeweiligen Epoche eine andere Sicht auf das hatten, was Wirklichkeit sei, wohingegen man bei ihrer Untersuchung aus der Perspektive des Forschers – und mit dessen Wissen um den Ausgang und Wendepunkte von Geschehnissen – Gesellschaft anders bewerten muss, als diese es getan haben. Nicht zuletzt deshalb betrachtet er in der „Geschichte des privaten Lebens" sowohl Familia-Entwicklung wie auch Herrschaftsverhältnisse, hält er sich an harte Fakten und träumt sich doch in vergangene Zeiten, um andere Perspektiven einnehmen zu können. Ziel der Mentalitätsgeschichte müsse sein, „[...] Entwicklungen auf verschiedenen Niveaus [...] Kommunikationsmöglichkeiten, mentale

---

[106] Ebd., S. 122ff.
[107] Duby, Georges: Eine andere Geschichte, S. 94.
[108] Ebd., S. 94.
[109] Ebd., S. 95.
[110] Ebd., S. 96.
[111] Duby In: Riecks: Sozial- und Mentalitätsgeschichte, S. 126.

Attitüden, kollektive Vorstellungen, Weltbild, [...] die miteinander korrelieren [...] zu verfolgen"[112].

Zusammenfassend lässt sich feststellen: Das innovative Element, welches Duby mit seinem mentalitätsgeschichtlichen Ansatz in die Mediävistik transportierte, schließt die Untersuchung von Denkmustern, Gefühlen, Haltungen und Strukturen von ganzen Epochen bis hin zu kleineren Mikrokosmen wie Gesellschaften, Klassen und Gruppen wie die in der „Geschichte des privaten Lebens" genannte „familia" ein. Erklärungsversuche des nach wie vor schwammigen Begriffs „Mentalität" reichen von der Prägung von Menschen durch ihre soziale Lebenswelt über bereits von Febvre und Bloch geprägte Schlagwörter wie Wahrnehmungsmuster, Denkschemata und Gefühlsregungen bis hin zu Raulffs ethischen, kognitiven und affektiven Dispositionen. Im Kontext der Annales nun nimmt die Mentalitätsgeschichte, und somit auch Duby, mit ihrer Suche und dem Finden von Quellen einer neuen Art und ihrem Anspruch auch an die Kreativität der Forscher einen gesonderten Rang ein. „Kulturelle Breitenwirkung und intellektuelle Ausstrahlung sind die beiden zentralen kulturgeschichtlichen Aspekte, die auch eine wissenschafts- und ideengeschichtliche Analyse der französischen Mentalitäten-Geschichtsschreibung nicht ignorieren darf"[113].

Zwar sei, so Riecks, die Gegenüberstellung von „Elite" und „Masse" umstritten, „[...] doch kann die Tatsache nicht übersehen werden, daß es innerhalb einer Gesellschaft Gruppen gibt, die auf einem hohen intellektuellen Niveau innovativ wirken und deren Anregungen von breiten Kreisen übernommen werden"[114]. Dass Duby in der „Geschichte des privaten Lebens" vermehrt auf bestimmte Kreise beziehungsweise Gruppierungen innerhalb der Eliten eingeht, ohne die „breite Masse" dabei gänzlich außen vor zu lassen, ist vom mentalitätsgeschichtlichen Ansatz her also durchaus nachvollziehbar: In einer kleineren, in sich geschlossenen Gruppe ist es bedeutend prägnanter möglich, tatsächlich eine kollektive Mentalität festzustellen. Leichter in jedem Fall als in einer ganzen Gesellschaftsform oder gar Epoche. Sie kann jedoch unter Umständen in Kernpunkten übertragen werden und allgemeingültig sein. Letzlich ist für Duby aber die Quellenlage Hauptgrund und Ursache, so vorzugehen. Gleichwohl er nicht davor zurückschreckt, sich in Ermangelung von Fakten auch einmal dem „Imaginativen" hinzugeben, verliert er doch den Anspruch als Geschichtswissenschaftler nie aus dem Blickfeld. Mehr hierzu unter Punkt 4.5.

---

[112] Ebd., S. 127.
[113] Raphael: Die Erben von Bloch und Febvre, S. 328.
[114] Riecks: Sozial- und Mentalitätsgeschichte, S. 129.

3.3 Zur Entwicklung und den Quellen der Mentalitätsgeschichte

Es ist nicht unwesentlich anzugeben, wann sich die Mentalitätsgeschichte herausbildete. Innerhalb der Annales kann das, neben der Wirtschafts- und Sozialgeschichte, auf Ende der 1950er Jahre terminiert werden, als Febvre mit Schülern wie Robert Mandrou oder Alberto Tenenti Projekte über Glaubensvorstellungen oder Todesdarstellungen im Mittelalter bearbeitete und förderte, und diese Schüler die Untersuchungsgebiete über dessen Tod hinaus weiter bearbeiteten. Ab Ende der 1960er bis weit in die 1970er Jahre hinein verzeichnete die Mentalitätsgeschichte einen starken Aufschwung in Rezeption und Breitenwirkung. „Von durchschnittlich 17 kulturgeschichtlichen Aufsätzen beschäftigten sich jetzt neun mit Problemen der Wissenschafts-, Literatur-, Kunst- oder Architekturgeschichte, während acht dem Bereich der Mentalitäten zugeordnet werden können"[115]. Die Mentalitätsgeschichte rückte in den Stand einer historischen Anthropologie, und ohne näher auf die zahlreichen Diskussionen die – ähnlich wie um den Begriff der Mentalitäten – auch zu diesem Terminus existieren einzugehen, kann man sie grob als eine Geschichte des Alltags und Epochentypischen, Wiederkehrenden charakterisieren. Anthropologen untersuchen soziale Praktiken und Verhaltensweisen wie Ernährung, Hygiene, Sexualverhalten, Verbreitung und Definition von Kunst, Kultur und Wissen. Themen also, die zumeist mit denen der Mentalitätsgeschichte deckungsgleich sind, weshalb in Ermangelung einer letztlich finalen Definition derselben beide häufig synonym gebraucht werden. Schließlich untersucht auch die Anthropologie mentale Haltungen, kollektive Verhaltensmuster und Ansichten ebenso wie Glaubenshaltungen und Gefühle in einer bestimmten Epoche oder Gesellschaft.

Eben dies findet sich auch in der „Geschichte des privaten Lebens" Dubys, die somit dem Feld der historischen Anthropologie als Überdach seiner spezifischen Mentalitätsgeschichtsforschung zugeordnet werden kann. Spezifisch deshalb, weil die Mentalitätsgeschichte als solche keinesfalls einheitlich war und ist. Tatsächlich verband ihre einzelnen Ausformungen in bester annalesscher Tradition oft eine gemeinsame Abneigung gegenüber ideengeschichtlicher Forschung und die Ablehnung von Termini wie etwa einheitlicher Weltsicht. Nähe stiftete hingegen die Hinwendung zur Erforschung der von Braudel stark betonten materiellen Kultur. Le Goff formulierte diese Ambivalenzen um, indem er „Zivilisations- und Sozialgeschichte, Kulturgeschichte und Alltagsgeschichte alle [...] zu ihrem begrenzten Recht"[116] kommen ließ.

---

[115] Raphael: Die Erben von Bloch und Febvre, S. 366.
[116] Ebd., S. 368.

Zuerst Germanisten, dann Vertreter anderer Philologien und auch Historiker etablierten damit den Begriff der historischen Anthropologie in der deutschen Mediävistik [...] (wobei) weniger die Gründerväter Marc BLOCH und Lucien FEBVRE als die Schülergeneration mit Philippe ARIÈS und vor allem Georges DUBY und Jacques LE GOFF rezipiert wurden.[117]

Ariès, neben Duby Mitherausgeber der „Geschichte des privaten Lebens", gab ebenfalls keine konkrete konzeptionelle Definition der Mentalitätsgeschichte ab. „Mentalitätengeschichte ist – verkürzt – für ihn das Kind einer westlichen Kultur, die der Gewißheiten der Aufklärung müde geworden ist und am Vorrang der eigenen Zivilisation zweifelt"[118]. Neben der schwierigen konzeptionellen Definierung bleibt jedoch festzuhalten, dass die Themen der Mentalitätsgeschichte mehr und mehr Raum einnahmen: Sexualverhalten, Sterberituale wie bei Ariès, Werthaltungen und Normen wurden zu neuen Untersuchungsfeldern der Annales.

Rojas schreibt, die von ihm als dritte Annales bezeichnete Generation hätten keine klare Leitlinie für ihr Projekt gehabt. „Die Mentalitäten und die historische Anthropologie waren weder methodologische Paradigmen noch spezifische theoretische Perspektiven, sondern lediglich ein neues Problemfeld [...]"[119]. Dies ist einerseits ein Beleg für die Vielfältigkeit und Schwierigkeit der Einordnung – oder Ausschließung – einzelner Vertreter. Wo die Anfänge der Annales um Marc Bloch eine globale, komparative Forschung betrieben, und die zweite Phase mit und um Braudel die Perspektive der langen Dauer entwickelte, hatten die Mentalitätsgeschichtlicher individuellere Ansätze und Zielpunkte, die sich zwar überschnitten, jedoch nicht zwangsläufig an einer einheitlichen „Achse" ausgerichtet waren. „Es war eine Geschichte mit zahlreichen Gesichtern und sehr unterschiedlichen Herangehensweisen [...]"[120], die trotzdem zumindest Beschreibungen und Forschung zu Mentalitäten und Anthropologischem als gemeinsamen Nenner aufweist. Diese Feststellung ist im Übrigen gleichsam auch ein Argument, dass sich für die Existenz einer „Schule" der Annales heranziehen lässt. Impliziert die Feststellung doch, dass es die nun fehlende Leitlinie zumindest für die Annales vor 1968 gegeben haben muss. Neben Duby und Ariès – gelegentlich wird auch Robert Mandrou angeführt – wäre als einer der wichtigsten Vertreter der Mentalitätsgeschichte an dieser Stelle Jacques Le Goff zu nennen, dessen „Geburt des Fegefeuers" neben den Werken der zuvor Genannten als eines der bedeutendsten dieser

---

[117] Hans-Werner Goetz (Hrsg): Das Mittelalter, S. 152.
[118] Raphael: Die Erben von Bloch und Febvre, S. 368.
[119] Rojas: „Schule" der Annales, S. 151.
[120] Ebd., S. 152.

Gattung angesehen werden kann. Zudem hat Le Goff selbst über die genaueren Definitionsmöglichkeiten von Mentalitätsgeschichte reflektiert und ist letztlich zu der Feststellung gekommen, dass eine definitive und universale Klassifizierung des Begriffs nicht möglich sei. So lässt sich zum Begriff festhalten:

> Er wies einen eher *konnotativen* als *strengen und artikulierten* Charakter auf und wurde von jedem der zahlreichen Autoren, die ihn zu erklären versuchten, auf andere Weise definiert. [...] Es genügt, die ganz unterschiedlichen und manchmal alternativen Definitionen zu vergleichen [...] um zu sehen, daß es sich um einen Begriff handelt, dem nie eine umfassende theoretische Ausarbeitung oder Darstellung zuteil wurde.[121]

Dass jedoch die „ [...] Mentalitätsgeschichte der dritten Annales weder die Arbeiten von Marc Bloch noch die Werke von Lucien Febvre in irgendeiner Weise fortsetzte oder ausdehnte"[122] kann so zumal für Duby nicht stehen gelassen werden. Betont dieser doch an mehreren Stellen den enormen Einfluss Blochs auf sein Werk und knüpft auch an dessen Vorgehensweise an, was umfassend in Kapitel IV behandelt werden wird. Auch Raphael schreibt hierzu: „Arbeiten von R. Boutruche [...] Ph. Wolff und, als jüngster unter ihnen, G. Duby, sind alle den neuen Forschungsperspektiven verpflichtet, die Marc Bloch aufgezeigt hatte"[123].

Zu den Quellen der Mentalitätsgeschichte ist zu sagen: Es ist für eine wissenschaftliche Untersuchung von Gesellschaftsformen, zu denen die europäische Feudalzeit zu rechnen ist, unabdingbar, die Bedingungen innerhalb eines geographischen Raumes, einer Epoche oder gesellschaftlichen Schicht als Quellen heranzuziehen. Allgemein formuliert: „Wir betrachten also nicht die individuell oder durch Lebensalter bedingten Unterschiede im Verhalten und Vorstellen im Rahmen einer bestimmten Gruppe, sondern suchen nach den Gemeinsamkeiten im Verhalten und Vorstellen der Mitglieder"[124]. Natürlich, so muss an dieser Stelle hinzugefügt werden, wird es in jeder Kultur, Epoche und Gruppe Abweichungen von allgemeinem Verhalten gegeben haben und geben. Sei es durch eine Vermischung verschiedener Einflüsse und Wertesysteme oder individuelle Erfahrungen. Dennoch lässt sich der Ansatz zur Erforschung von Mentalitäten durchaus auf die sprandelsche Definition

---

[121] Ebd., S. 158.
[122] Ebd., S. 157
[123] Raphael: Die Erben von Bloch und Febvre, S. 315.
[124] Rudolf Sprandel: Gesellschaft und Literatur im Mittelalter, München / Paderborn 1982, S. 9.

zurückführen. Unabdingbare Quellen sind hierbei Schriftwerke. Der Mentalitätsforscher holt aus solchen Quellen wie etwa Selbstzeugnissen sogar „[...] Zeugnisse von Vorstellungen und Verhaltensweisen heraus, mit denen sich der Verfasser nicht ausdrücklich identifiziert, ja sogar solche, von denen er sich distanziert"[125].

„Für den Mentalitätenhistoriker ist alles Quelle. Hier ein administratives oder fiskalisches Dokument, ein Verzeichnis der königlichen Einkünfte im 13. oder 14. Jahrhundert [...] hier die Grabbeigaben [...]"[126]. Was zählt ist also allein die Aussagekraft der Quelle über Vorstellungen, Machtverhältnisse oder Ziele von Menschen der untersuchten Epoche. Dazu können literarische ebenso wie künstlerische Zeugnisse gehören; als nicht objektive Aussagen führen sie den Mentalitätshistoriker doch näher an die Welt des Imaginären der Vergangenheit heran, die es gleichwohl zu untersuchen gilt. In der „Geschichte des privaten Lebens" erweitert Duby diesen Fokus noch um die Kunst, indem er auch Bilder, Statuen und dergleichen mehr als Quellen heranzieht. Mehr noch: Auch die Untersuchung von Syntax, Vokabular und Redensarten betreibt Duby, wie dies vor ihm bereits Lucien Febvre in seinen Forschungen getan hat. Zusammenfassend lässt sich hierzu zitieren:

> Die Mentalitätengeschichte kann nur in enger Anlehnung an die Geschichte der Kultur- und Glaubenssysteme, der Werte und des intellektuellen Rüstzeugs in deren Rahmen sich die Mentalitäten geformt, in denen sie gelebt und sich entwickelt haben, zustande kommen.[127]

---

[125] Ebd., S. 21.
[126] Raulff (Hg.): Mentalitäten-Geschichte, S. 26.
[127] Jacques Le Goff, In: Ebd., S. 30.

4. Georges Duby – Schriftsteller, Träumer, Mediävist, „Annales" ? Eine Profilierung

4.1 Georges Duby – ein typischer Vertreter der Annales?

Die Annales und ihr mentalitätsgeschichtlicher Zweig sind also, wie aufgezeigt, schwerlich in sich selbst als fester – im Sinne von starrer – einheitlicher Verbund greifbar. Diffiziler und umstrittener noch ist die Frage, ob Georges Duby und das von ihm herausgegebene Werk über die „Geschichte des privaten Lebens" als ein typischer Vertreter der Annalesbewegung zu klassifizieren ist bzw. sind.
Was spricht nun dafür, was dagegen?
In Bezug auf methodologische Arbeitsweise ist Duby zunächst ein geradezu klassischer Vertreter der Maximen der Annales, erfüllen seine Forschungsansätze doch die genannten Vorgaben in Bezug auf Vorgehensweisen, Themengebieten und Quellennutzung. Zum anderen findet er sich jedoch mit seinen mentalitätsgeschichtlichen Untersuchungen anfangs eben nicht auf der komplett selben Linie wie seine Vorgänger und Zeitgenossen. Man betrachte hierzu die Aussage Braudels aus dem Jahr 1978, in der dieser konstatiert

> Daß meine Nachfolger es bevorzugen, statt des ökonomischen Lebens lieber die Mentalitäten zu untersuchen [...] Ich, ein Anhänger der ganzheitlichen Geschichte, kann damit nicht einverstanden sein. Trotzdem habe ich die Annales meinen Nachfolgern überlassen.[...] Wenn ich möchte, daß die *Annales* etwas Lebendiges sind, kann ich sie nicht zwingen, bei Lucien Febvre, Marc Bloch oder Fernand Braudel zu verharren.[128]

Ein starkes Argument, Duby zweifelsohne dem Umkreis der Annales zuzurechnen, ist bereits in dessen „thèse d'Etat" begründet, in der er, fußend auf Blochs Ansatz, mit der Feudalzeit ein für die Annales bedeutsames Feld erforschte. Untersuchungen seitens Braudels und Labrousses als Mitglieder der CNRS-Gremien, die über die Vergabe von Geldern, Forschungsstellen und Stipendien entschieden, kamen Anfang der 1960er Jahre zu der Erkenntnis: „In der Mediävistik überwogen Themen der Wirtschaftsgeschichte, gefolgt von [...] Sozialgeschichte"[129]; Bereichen also, denen auch Dubys Arbeit zuzuordnen ist, und die durchaus im Kielsog der „nouvelle histoire" der Annales anzusiedeln sind. Dennoch muss festgestellt werden, dass Duby als Betreuer seiner „Thèse" mit Charles Èdmond Perrin nicht

---

[128] Fernand Braudel in : Review, Bd. I, H.3/4, 1978. In: Rojas, S. 156
[129] Raphael: Die Erben von Bloch und Febvre, S. 247.

nur einen angesehenen Mediävisten, sondern gleichsam einen ehemaligen engen Vertrauten Marc Blochs wählte. Auch die Wahl seines Themas für diese Arbeit „[...] offenbart die enge Orientierung am großen Modell, Marc Blochs *Société féodale*; [...] es ging ihm um die gleiche universalhistorische und gesellschaftliche Leitfrage, die schon sein Vorbild Bloch beschäftigt hatte"[130]. Nämlich die Frage nach den Grundlagen eben dieser feudalen Gesellschaftsordnung, die Duby wiederum in einem eher mediävistischen Forscherkontext erscheinen lässt.

Dennoch ist es trotz kontroverser Diskussionen innerhalb der Forschung an dieser Stelle angebracht, Duby in ein annalessches Umfeld einzuordnen, bei dem man wiederum letztlich auch mit einigen Argumenten von einer Schule sprechen könnte. Denn, wie in der Folge aufgezeigt, war nicht nur Marc Bloch einer der größten Lehrmeister – oder besser noch: Vorbild – für Duby auf dessen historisch-mediävistischer Wegfindung. Duby erfüllt vielmehr selbst alle Vorgaben, die die Annalesbewegung an ihre Anhänger stellt. Dass auch die Entwicklungen innerhalb einer Schule oder in diesem Fall Bewegung mit Voranschreiten derselben divergieren, sich fortentwickeln und neue Herangehensweisen erprobt werden, ist nur natürlich und in vielen Fällen auch begrüßenswert. Dies gilt nicht nur für die Annales, oder Geschichtswissenschaft im Allgemeinen, sondern für jeden Bereich des Lebens, in dem Lehrer und Schüler zusammentreffen.

Doch zurück zu den Annales. Wenn Rojas schreibt, eine Schule derselben – so denn vorhanden – habe über vier Generationen gleich bleiben müssen, so verrät bereits ein Blick auf die Veränderungen in staatlichen Schulen über die letzten vier Generationen, dass kaum eine Lehreinrichtung, welcher Art auch immer, einen solchen geforderten Stillstand verkörpern kann. Letztlich ist es aber für die vorliegende Betrachtung von George Dubys „Geschichte des privaten Lebens" nicht von eminenter Bedeutung, ob er einer Bewegung oder Schule der Annales angehört, oder ob er schlicht in deren Tradition steht. Wichtig ist vielmehr aufzuzeigen, nach welchen Methoden und Maximen er vorgeht und schreibt, an welchen Vorbildern und Vorgaben er sich orientiert, und inwiefern ihn dies zur Einordnung in den Kontext der Annales und damit wiederum deren Bedeutung für die Mediävistik qualifiziert. Dass es trotz individueller Vorgehensweisen innerhalb der Annalesbewegung doch eine Einheit derselben gibt, bestreitet auch Rojas nicht. Für ihn gibt es sowohl die „[...] individuellen Profile als auch [...] Verbindungen, Wechselbeziehungen, Anleihen und Verschmelzungen mit anderen historiographischen Strömungen"[131] und an anderer Stelle die „[...] charakteristischen Linien und Profilen [...] die wir bei einer Betrachtung der vielen

---

[130] Seischab: Geschichte als Traum, S. 31.
[131] Rojas: „Schule" der Annales, S. 11.

möglichen Annales als *gemeinsame Elemente* dieser historiographischen Tendenz des 20. Jahrhunderts identifizieren können"[132].

4.2 Inspiration und Stein des konstruktiven Anstoßes – Die Rolle Marc Blochs und anderer Vorbilder im Schaffen Georges Dubys

Georges Duby, selbst mittlerweile viel zitiertes und diskutiertes Vorbild für eine neue Generation von Mediävisten und Historikern, nannte in seinen Interviews, Werken und Dialogen des Öfteren diverse Quellen der Inspiration. Von Karl Marx über Claude Lévi-Strauss bis hin zu Jean Déniau sind dort illustre Namen zu lesen, auf die im Einzelnen einzugehen den Rahmen bei weitem sprengen würde. Doch einen Namen nennt Duby so häufig wie keinen Zweiten; auf ihn bezieht sich, ihn kritisiert und ihm huldigt Georges Duby – ja nennt ihn gar als ureigentlichen Grund für seine Nähe zu den Annales: Den Name des Mitbegründers der Zeitschrift, Marc Bloch, auf dessen Verbindung zu Duby deshalb zumindest in diesem Unterpunkt genauer eingegangen werden soll. Was war es, das Duby neben den von Marc Bloch untersuchten Themengebieten und Epochen so sehr an diesem begeistert hat? Zumal, wie Seischab des Öfteren betont, der persönliche Kontakt für Dubys Meinungsbildung gegenüber anderen Personen oft hochgradig bedeutsam war, beide sich jedoch nie trafen. Die Antwort findet sich mitunter in Blochs Einstehen für die tiefstverwurzelten Grundlagen der Annalesgruppe, die sich auch Duby zu Eigen machte und die wiederum zu einem großen Teil seine Nähe zu den Annales belegen. „Sie *(gemeint sind Bloch und Lucien Febvre, Anm. d. Verf.)* bemühten sich, die Historiker aus ihrer Isolierung zu holen, sie davon zu überzeugen, sich nicht nur den Geographen, sondern auch den Soziologen, den Ökonomen, den Demographen anzuschließen, um sich ihren Teil von dem zu nehmen, was auf dem Feld der Humanwissenschaften jüngere, noch unschlüssige, aber bereits triumphierende Nachbardisziplinen zu ernten begannen"[133].

Zur Zeitschrift selbst und dem Eindruck, den sie bei ihm in jungen Jahren während der 1930er hinterlassen hat, konstatiert Duby denn auch beinahe euphorisch: „Es war meine Hauptnahrung. Bevor ich mich auf *„Les Rois thaumaturges*, auf *La Société féodale* stürzte, sobald sie erschien, auf *La Religion de Rabelais*. Diese Lektüre hat mich zu dem gemacht, was ich bin"[134]. Duby nennt seine Vorbilder, zu denen neben Bloch auch andere, wie der von Duby gegenüber Lardreau in Bezug auf seine Einflüsse des Öfteren erwähnte Lévi-Strauss zählen, häufig. Doch betont er gleichsam neben deren Einfluss auf seine Werke die Tatsache,

---
[132] Ebd., S. 18.
[133] Georges Duby: Das Vergnügen des Historikers. In: Pierre Nora: Pierre Chaunu, Georges Duby, Jaqcues Le Goff, Michelle Perrot : Leben mit der Geschichte. Vier Selbstbeschreibungen, Frankfurt am Main 1989, S. 93.
[134] Ebd., S. 94.

dass er selbst mehr will als nur in ihren Fußspuren zu wandeln. „[...] meine Arbeit kann ja offensichtlich nicht von der meiner Zeitgenossen oder Vorläufer getrennt werden [...] Lucien Febvre etwa [...] aber auch Marc Bloch, dem ich nie begegnet bin, den ich aber auch als meinen Lehrer betrachte"[135]. So sehr Duby sich von Bloch inspiriert fühlte, war er dennoch bemüht, dessen Erkenntnisse weiter zu führen und, wo seiner Meinung nach nötig, auch Kritik daran zu üben und Neues herauszuarbeiten. So formuliert er gegenüber Lardreau: „Sie dürfen nicht vergessen, daß das Werk Blochs nun schon ein halbes Jahrhundert alt ist und daß die Geschichte Gott sei Dank eine lebendige Wissenschaft ist, die glänzende Fortschritte gemacht hat"[136]. Dennoch ist es angebracht, Bloch als Wegbereiter für Dubys mediävistische Forschungen im Umkreis der Annales zu bezeichnen: Es „[...] ist Marc Bloch (1886-1944) sicherlich der fruchtbarste und anregendste Mediävist seiner Zeit gewesen. [...] Die >Rois thaumaturges< sind rasch zu einem klassischen Werk der Mediävistik geworden"[137].

Duby orientierte sich zu Beginn seiner Karriere sowohl bezüglich seiner Wahl der Themen als auch Vorgehensweise bei eigenen Projekten an denen seines großen Idols. „Gemäß dem Rat, den Bloch später formulierte, bestimmte er die Wahl des Untersuchungszeitraums nach dem gegebenen Problem, das heißt, er mußte schreiben, was Braudel eine Generation später „die Geschichte der langen Dauer" nannte"[138]. Und auch bei der Wahl seiner ersten Untersuchungsfelder gibt Duby freimütig zu, er „[...] wollte nur den Blickwinkel, der mich bei Marc Bloch verführt hatte, auf eine kleine Region übertragen, deren reiche Überlieferung mir zu einem besseren Verständnis verhelfen würde [...]"[139]. Duby-Biograph Seischab konstatiert: „Die Fragestellungen Blochs und Dubys sind aber im wesentlichen dieselben, auch wenn die Antworten zu einzelnen Details unterschiedlich ausfallen"[140]. Wenn nun Burke zu Blochs „Les rois thaumaturges" schreibt, „Man könnte es auch als Essay eines historischen Soziologen oder historischen Anthropologen betrachten, der sich mit Glaubenssystemen und mit einer Soziologie des Wissens auseinandersetzt"[141], so zeigt dies zum einen das interdisziplinäre Arbeiten Blochs, auf der anderen Seite den neuen Ansatz seiner Forschung und damit verbunden die Bedeutung des Werks für den späteren Begriff der „Mentalitätsgeschichte", die auch Duby maßgeblich prägen. Bloch untersucht etwa in den „Wundertätigen Königen" die Entstehung kollektiver Bewusstseinsströme im Mittelalter am

---

[135] Duby, Lardreau: Dialoge, S. 40.
[136] Ebd., S. 93.
[137] Michael Erbe: Zur neueren französischen Sozialgeschichtsforschung. Die Gruppe um die „Annales", Darmstadt 1979, S. 39ff.
[138] Burke: Geschichte der Annales, S. 25.
[139] Pierre Nora: Die Kunst, das Schreiben und die Geschichte. Ein Interview mit Georges Duby. Als Anhang in: Seischab, S. 138.
[140] Seischab: Geschichte als Traum, S. 129.
[141] Burke: Geschichte der Annales, S. 26.

Beispiel der angeblichen Heilkraft mittelalterlicher Könige. Revolutionär für das Vorgehen im Sinne der Annales war hierbei: „BLOCH sieht nicht in einzelnen großen Individuen den Gegenstand der Geschichtswissenschaft, sondern in den Menschen, die eine Gesellschaft bilden"[142]. Gesteigert wurde diese Vorgehensweise noch im zweibändigen Werk „Die Feudalgesellschaft", in der „[...] die Analyse einer Gesellschaft in ihrer Totalität von Wirtschaft, Politik, Recht und Mentalität [...]"[143] von Bloch vorgenommen wird, und mit deren Ansatz er Georges Duby sowohl faszinierte als auch dessen spätere Werke und Fragestellungen prägte. Beginnend mit dem Blochschen Ansatz haben sich die Annales, so Le Goff „[...] solchen mentalen Phänomenen zugewandt, die sich vom reflektierten Nachdenken und der intellektuellen Produktion entfernten und mehr mit dem sozialen Leben und der materiellen Kultur zusammenhingen"[144], ein Ansatz, der auch zum Leitfaden für Dubys Arbeit werden sollte und sich in der „Geschichte des privaten Lebens" beinahe exemplarisch im Kapitel über die Adelshaushalte im Feudalzeitalter wiederfindet.

Besonders im Hinblick auf Dubys Stellung im Umkreis der Annales wird die prägende Bedeutung Blochs deutlich. Duby gibt ihn – respektive dessen Werk über die „Feudalgesellschaft" – unumwunden als Hauptgrund für seine originäre Annales-spezifische Begeisterung an. „Mein Geist war noch ganz frisch. Er wurde durch die leidenschaftliche Lektüre dieses Textes geformt. [...] Ich finde dort alles, was unsere Forschung immer noch anregt, was uns nach vorne zieht"[145]. Aus der Perspektive eines Dritten heißt es über Duby: „Durch die Begegnung mit dem ‚heiligen Buch', Blochs *Société féodale*, wurde er in die Grundlagen der Gesellschaftsgeschichtsschreibung ‚eingeweiht'"[146]. Es ist also keineswegs zu weit hergeholt, bei Dubys Begegnung mit Blochs Oeuvre von einem Schlüsselerlebnis für seinen weiteren Werdegang zu sprechen. Auch wenn manche diesbezüglichen Formulierungen seitens der Forschung doch recht pathetisch anmuten; „Nicht das herausragende Individuum, der über seine Zeit erhobene Held, sollte im Zentrum des Interesses stehen, sondern – Ausdruck eines Zeitalters sozialer Massenbewegungen – die anonyme, schweigende ‚Masse', der eigentliche Protagonist der Geschichte"[147], bleibt deren Aussage in Bezug auf Dubys Leitlinien doch im Kern richtig. Gleichsam ist hier bereits ein Hauptanknüpfungspunkt an die Annalesbewegung genannt. Denn die Konzentration auf das soziale Geschehen, die Entwicklungen und Strukturen einer historischen Gesellschaft anstelle

---

[142] Riecks, Sozial- und Mentalitätsgeschichte, S.10.
[143] Ebd., S. 11.
[144] Ebd., S. 89.
[145] Seischab: Geschichte als Traum, S. 27.
[146] Ebd., S. 27.
[147] Ebd., S. 27.

einzelner Ereignisse, verband Duby programmatisch mit den Annales und natürlich insbesondere mit Bloch.

4.3 Der biographische Hintergrund Georges Dubys

Die beschriebene Herangehensweise Dubys an die mediävistische Forschung ist sicherlich auch in der Tatsache begründet, dass er selbst keineswegs schon während der Schulzeit den festen Entschluss gefasst hatte, in diesem Themenfeld tätig zu werden. Nur aufgrund der Empfehlung eines Dozenten, sich anstatt Philosophie doch lieber der Mediävistik und Historie zuzuwenden, kam er überhaupt zu dieser Disziplin.

„Geschichte? Warum nicht? In Wahrheit keine Berufung. Aber drei Jahre lang war ich von meinen Geschichtslehrern angetan"[148], so Duby zu seinen Anfängen.

Ein großer Einfluss und erstes Vorbild für das Herangehen an die Geschichte mit Blick auf die Empfindungen und Lebensweise der breiten Masse der „namenlosen" Menschen – also derjenigen ohne Titel und Kronen – in der Vergangenheit war neben dem bereits ausführlich vorgestellten Marc Bloch sein Universitätsdozent Jean Déniau, der für ihn zwar rückblickend kein großer Gelehrter, dafür aber ein „Lehrer, ein wirklicher Meister"[149] war. Insbesondere eine Passage von Déniaus Werk über Lyon im 15. Jahrhundert hatte es Duby angetan.

> Auch dieses Werk folgte im Wesentlichen dem Ereignis Schritt für Schritt [...] Allerdings gingen dem Bericht fünfzig blendende Seiten voraus: auf meisterliche Weise erweckten sie Männer und Frauen, Straßen, Flüsse und Kirchtürme wieder zum Leben [...] in dem ständigen Bemühen, den Menschen aus Fleisch und Blut zu erreichen, seine Wünsche, seine Mühen und vor allem seine Schmerzen. In Déniau verkörperte sich, geläutert, jene Form von Humanismus, der einst meine Nahrung gewesen war.[150]

Nicht zuletzt diese Arbeitsweise Déniaus hatte auch Bloch dazu gebracht, ihn an die Universität von Straßburg zu holen. Dieser, selbst kein typischer Historiker, sondern nur aufgrund von Bloch als Mentor vom Schuldienst an die Lyoner Universität berufen – und auch das im Alter von beinahe 60 Jahren – prägte Dubys Arbeitsweise stark. Seischab sieht in

---
[148] Piere Nora (Hrsg): Pierre Chaunu, Georges Duby, Jaqcues Le Goff, Michelle Perrot : Leben mit der Geschichte. Vier Selbstbeschreibungen, Frankfurt am Main 1987, Seite 72.
[149] Ebd., S. 70.
[150] Ebd., Seite 76f.

dieser Prägung gar „[...] ein frühes Symptom der für Duby typischen engen Verquickung von persönlichen und beruflichen Aspekten"[151].

Im Laufe seiner Studien erkannte Duby die Notwendigkeit der Interdisziplinarität zur besseren Analyse und Verständnismöglichkeit von Quellen. Ein großer Schritt für seinen Zugang zur Arbeitsweise der Annales war getan. In seiner Selbstbeschreibung lässt er verlauten, dass

> [...] der Historiker, will er sich alle Reichtümer zunutze machen, die eine solche Quelle in sich birgt, ein außerordentlich verwickeltes Knäuel von Indizien entwirren muß und daß das Ziel, dem er zustrebt, sich in nichts von dem des Geographen unterscheidet: ein immer besseres Verständnis der verschiedenen Beziehungen, die die menschliche Person mit ihrer Umgebung unterhält, mit anderen Personen, mit dem, was sie im Kopf haben, und mit der natürlichen Umwelt [...].[152]

Und an anderer Stelle heißt es: „[...] daß der Historiker sich nicht in seiner Höhle vergraben darf, sondern aufmerksam verfolgen muß, was in den benachbarten Disziplinen vor sich geht"[153].

Mit dem mentalitätsgeschichtlichen Ansatz seiner Arbeit tat sich Duby unter seinen Kollegen anfangs nicht leicht. Bei der Organisation erster dementsprechend abzielender Seminare in seiner Tätigkeit als Dozent in Aix en Provence „[...] erhoben sich einige Stimmen dagegen, mit dem Einwand, es sei nicht möglich, einen solchen Gegenstand wissenschaftlich zu ergründen"[154].

Duby tat es dennoch, wobei ihm entgegenkam, dass die Universität relativ klein und dünn mit Lehrpersonal besetzt war. In Paris wäre dies aufgrund größerer Rivalitäten zwischen den Professoren wohl nicht ohne weiteres möglich gewesen. Duby selbst dazu: „Jetzt [...] ermesse ich, wie tief der Graben zwischen Paris und der Provinz damals noch war"[155]. Doch Paris war ihm als Wohnort ein Graus, und Duby selbst konstatiert rückblickend: „Jeden Sommer, wenn ich in eine winzige, verschlafene, ganz vom Landleben durchdrungene Stadt fuhr, hatte ich das Gefühl einer Befreiung, das Gefühl zu atmen. Vielleicht rührt daher meine Haltung Paris

---

[151] Seischab: Geschichte als Traum, S. 21.
[152] Piere Nora (Hrsg): Leben mit der Geschichte, Seite 77f.
[153] Duby: Eine andere Geschichte, S. 14.
[154] Piere Nora (Hrsg): Leben mit der Geschichte, Frankfurt am Main 1987, S. 90.
[155] Ebd., Seite 91.

gegenüber [...]"[156]. Wie Seischab es formuliert, „Nicht die Stadt, sondern das Land, die Provinz, sollte ihn für die Vergangenheit begeistern."[157]. Angesichts dieser Gefühlswelt ist Dubys Wahl der kleineren Universität von Aix, an der er sich lange Zeit ausschließlich und auch später noch größtenteils aufhielt und forschte, gut nachvollziehbar.

Seine Auffassung vom Arbeiten an und mit Geschichte als Mitglied der Schule der Annales bezeichnet er selbst als den „Braudelschen Weg." Als Wegbereiter stellt er jedoch die Gründerväter der Annales Bloch und Febvre, die – und diese Zielsetzung findet sich in der „Geschichte des privaten Lebens" wieder und ist deshalb hier von Belang – „[...] gegen den Positivismus und seine fast ausschließliche Beschäftigung mit dem politischen und militärischen Ereignis"[158], also gegen die Geschichtsforschung mit einer Konzentration auf die großen Männer und Schlachten, waren. Beide Historiker plädierten stattdessen für die Zusammenarbeit der Geschichtswissenschaftler mit nicht nur Geographen, sondern auch Soziologen, Ökonomen und Demographen. Eine Vorgabe, die auch Duby und Aries in der „Geschichte des privaten Lebens" ausschöpften. Duby studierte in Lyon ab 1937 Geographie und Geschichte, wusste also bereits durch sein Studium die Erkenntnisse der erstgenannten Disziplin auch für seine Forschungen einzusetzen. Als Instrument zur Verbreitung dieser Ansichten nutzten sie nunmehr die gleichnamige Zeitschrift der Annales (d'histoire économique et sociale), die Duby ursprünglich bezeichnenderweise nicht durch seine Geschichtslehrer, sondern über die Geographie kennen lernte: „Die Forschungsgruppe [...] definiert sich häufig durch die Evokation eines gemeinsamen „esprit" (Geistes) den sie auf Marc BLOCH und Lucien FEBVRE [...] zurückführt"[159]. Eben jener „esprit" durchdringt, wie in der Folge zu sehen sein wird, auch die Passagen George Dubys in der „Geschichte des privaten Lebens".

4.4 Die Sonderrolle Georges Dubys in der historisch-mediävistischen Forschung

Dass Georges Duby zum Kreis der Annales gerechnet werden kann, ja aufgrund mehrerer Tatsachen sogar muss, ist in den vorangegangenen Kapiteln deutlich geworden. Beim Versuch, ihn dahingehend genauer zu klassifizieren, gilt es zu untersuchen, ob Duby letztlich einem oder mehreren Teilbereichen genauer zugeordnet werden muss. Was also ist Duby – Mediävist, Mentalitätshistoriker oder gar Schriftsteller?

---

[156] Ebd., S. 68.
[157] Seischab: Geschichte als Traum, S. 13.
[158] Nora (Hrsg): Leben mit der Geschichte, Seite 93.
[159] Riecks: Sozial- und Mentalitätsgeschichte, Seite 7.

Zunächst einmal ist er keineswegs allein aufgrund seiner Orientierung an Bloch, die an sich nicht derart unikal wäre, ein Sonderfall für den Zweig der mentalitätsgeschichtlichen Annales. Sondern auch, weil er sich einem Bereich der Forschung zugewandt hat, der nicht unbedingt von der Historikerzunft okkupiert werden muss, sondern ebenso gut der Mediävistik zugeordnet werden kann. So schreibt Raphael, dass zumindest auf den ersten Blick „[...] Namen wie Marc Bloch, Georges Duby und Jacques Le Goff die enge Verbindung zwischen Mediävisten und Neuzeithistorikern eindrucksvoll unter Beweis zu stellen"[160] im Stande sind. Nun ist zu konstatieren, dass die zu Anfang prozentual recht große Anzahl der Mediävisten unter den Annales nach Blochs Tod zwar kontinuierlich abnahm. Genauso muss jedoch unterstrichen werden, dass Dubys Werke neben denjenigen der beiden oben genannten Forscher herausragende Impulse, Ansätze sowie Herangehensweisen für sowohl Mediävistik als auch Geschichtswissenschaft geliefert haben. Dies wird insbesondere mit Blick auf Publikationen bekannter und erfolgreicher deutscher Mediävisten wie etwa Althoff, Wenzel, Schubert, Goetz, von Moos oder Dinzelbacher deutlich: Beispiele hierfür wurden bereits erläutert und sollen deshalb hier nicht erneut ausgeführt werden. Zusammenfassend ist noch einmal explizit darauf hinzuweisen, dass Vorgehen, Ansätze – interdisziplinär wie thematisch - und Quellen der genannten Autoren oftmals verblüffende und kaum zufällige Parallelen zumal zu den früheren Untersuchungen Dubys aufweisen, der sich zudem in so gut wie jedem Literatur- und Fußnotenverzeichnis der genannten Werke wieder findet.

Zur Außenseiterolle oder besser speziellen Stellung innerhalb des Annalesumfelds ist bei Duby zu sagen: „Seine Arbeiten zur Ideen- und Kulturgeschichte des Mittelalters sind weitgehend ohne Zusammenhang mit den neueren Entwicklungen der Mentalitätengeschichte entstanden"[161]. Die Feststellung, dass Duby kein reiner Mentalitätshistoriker war beziehungsweise geblieben ist, ist insofern vertretbar, als er sich zwar in weiten Zügen, aber nicht ausschließlich an Blochs Vorgehen orientierte, indem er kulturelle Modelle und Geisteshaltungen als wichtige Bausteine zur Erforschung der feudalen Gesellschaft betrachtete. Ideengeschichtliche Studien gehen bei Duby Hand in Hand mit der Analyse realer Lebenssituationen und Bedingungen. „In seinen Studien praktizierte er ein „realistisches" wissenssoziologisches Erklärungsmodell, indem er immer wieder die Texte sowohl in ihre intellektuellen Traditionen [...] als auch die „realen" gesellschaftlichen und politischen Konflikte einbezog"[162]. Dass er Textfragmente nutzt und ganz bewusst sein imaginatives Element zur Rekonstruktion von Denkmustern mit einbringt, zieht sich dabei wie ein roter

---

[160] Raphael: Die Erben von Bloch und Febvre, S. 315.
[161] Ebd., S. 374.
[162] Ebd., S. 375f.

Faden durch seine Werke. Er nutzt diese Quellen in der „Geschichte des privaten Lebens" ebenso wie er dies bereits in den „Drei Ordnungen" getan hat. Dass Duby nun Texte in die Tradition feudaler Diskurse stellt, ist wiederum eine für das Gros der Annales-Mentalitätshistoriker untypische Vorgehensweise. „Ohne seine Herkunft aus den intellektuellen Traditionen der *Annales* zu leugnen, hat er selbst [...] immer deutlicher die Grenzziehungen kritisiert, die im Namen dieser Tradition aufrecht erhalten wurden"[163]. Dass seine Themenstellung etwa in den Untersuchungen zum „Sonntag von Bouvines", nämlich die Erforschung von Traditionsbildungen und Interpretationsweisen je nach Epoche und Gesellschaft ebenfalls eine Ausnahmeerscheinung darstellt, soll an dieser Stelle auch erwähnt werden, wenngleich sich hier kein unmittelbarer inhaltlicher Bezug zur „Geschichte des privaten Lebens" ziehen lässt. Auf die Auffälligkeiten von Dubys Schreibweise, für die dieses Werk jedoch exemplarisch als Vergleich herangezogen werden kann, wird an späterer Stelle noch genauer eingegangen werden. Auch Seischab ordnet ihn in der Einleitung seines biographischen Werkes über Duby nicht direkt in den Annaleskreis ein. Wenngleich er doch würdigend darauf hinweist, dass Duby „[...] als Mitglied der berühmten Gruppe um die französische Zeitschrift *Annales* zu den bekanntesten Geschichtsschreibern der letzten Jahrzehnte zählt"[164].

Dubys Verhältnis zu den Annales ist aus seiner eigenen Sicht dennoch trotz diverser Abweichungen kein gespanntes. Er äußerte gegenüber Lardreau über sich selbst, er betrachte sich „[...] als ein Kind der *Annales*, da ich ja meine Laufbahn unter der Anleitung eines Professors begonnen habe, auf den Marc Bloch aufmerksam geworden war [...] Und darauf bin ich stolz"[165]. Dies wiederum kann für die in sich selbst aufgetrennte Annalesbewegung mit ihren diversen Ausrichtungen natürlich größtenteils nur für einen bestimmten Bereich, in Dubys Fall dem der Mentalitätsgeschichte gelten. „Freilich dürfte die ganze Richtung, in die Braudel die *Annales* steuerte, Duby nicht gefallen haben; von der von Febvre, Mandrou und ihm selbst engagiert vertretenen *histoire des mentalités* hielt dieser nichts"[166]. Braudels oft an den Positivismus angelehnte Zuneigung zu Statistiken und Zahlen teilte Duby nicht. „Im Laufe der 70er Jahre formierte sich um [...] Jacques Le Goff ein Kreis von Historikern, die der Meinung waren, auch die von den Annales betriebene Form der Geschichtsschreibung müsse fundamental erneuert werden"[167]; eine Gruppe, der auch Duby zuzurechnen ist und bei der es sich um die so genannte Nouvelle histoire handelt, die den Mentalitäten größere Bedeutung

---

[163] Ebd., S. 377.
[164] Seischab: Geschichte als Traum, S. 7.
[165] Duby, Lardreau: Dialoge, S. 92.
[166] Seischab: Geschichte als Traum, S. 67.
[167] Ebd., S. 108.

einräumte, als die bis zu diesem Zeitpunkt etablierten braudelschen Untersuchungsweisen der „longue durée" dies getan hatten. Duby selbst sagte hierzu: „Als ich [...] es für notwendig erachtete, meine Aufmerksamkeit vorrangig auf nichtmaterielle Faktoren gesellschaftlicher Entwicklung zu richten, war dies ein entscheidender Moment auf meinem Weg"[168]. Einem Weg, der Duby Anfang der 1960er Jahre zur mentalitätshistorischen Forschung führte.
Dabei legte sich Duby jedoch nie völlig für oder gegen eine der im Lauf der Entwicklung entstehenden verschiedenen Strömungen innerhalb der Annales fest, weshalb er auch mit Historikern diverser Fachrichtungen gut zusammenarbeiten wollte und konnte. „Ich sah mich weder veranlaßt, für eines der Lager Partei zu ergreifen, noch mit einem anderen zu brechen"[169], so Duby. „Seine in Konflikten innerhalb der Fachwelt stets vermittelnde Position war eine wichtige Vorbedingung dafür, daß er zu einem zentralen Repräsentanten der französischen Mittelalterforschung, der *Annales*-Geschichtswissenschaft und der intellektuellen Kultur Frankreichs aufsteigen konnte"[170]. Doch obwohl der mentalitätsgeschichtliche Ansatz wie gezeigt nicht der Ausschließliche seitens Dubys war, so nahm er doch einen großen Teil seiner Werke ein. „Studien zur „Mentalitätengeschichte" repräsentieren in den sechziger Jahren eine Richtung, die [...] in Robert Mandrou, Georges Duby und Alphonse Dupront eigene Vordenker besaß, die eher intellektuelle „Außen"seiter und Einzelgänger geblieben sind"[171]. Dabei verband Duby mit anderen Forschern aus diesem Kreis der Annales, dass auch er sich, wie etwa Burke und Raphael deutlich gemacht haben, bei seinen Untersuchungen auf einen regionalen Rahmen beschränkte. Gleichwohl hatten die Arbeiten zum Ziel, flächendeckende Beschreibungen des französischen Raums in seiner regionalen historischen Vielfalt einer Epoche darzustellen. Dass diese neue Generation der Annales ihre eigenen Wege einschlug, war auch in den Augen der älteren Vertreter der Bewegung unumgänglich und verriet deshalb dennoch nicht die Grundideen der Annales-Historiographie. Es ist keineswegs unvereinbar, dass Duby trotz seiner Bewunderung für Bloch und der Inspiration aus dessen Weg zum Teil neue Ansätze für seine Herangehensweisen wählte. „Die Allgegenwart generationsspezifischer Denkfiguren und Argumentationsformen koexistiert häufig mit bereichstypischen intellektuellen Traditionen und beruflichen Praktiken [...]"[172].
Allein schon seine Umsetzung der Vorgaben in Bezug auf interdisziplinäres Arbeiten macht es bereits fast unmöglich, Duby einem einzigen Unterbereich der Annales zuzuordnen. „Der

---

[168] Nora / Duby In: Seischab, S. 137.
[169] Duby, Lardreau: Dialoge, S. 92f.
[170] Seischab: Geschichte als Traum, S. 127.
[171] Raphael: Die Erben von Bloch und Febvre, S. 300.
[172] Ebd., S. 292.

dem Ethnologen nahestehende Mentalitätenhistoriker muß sich obendrein als Soziologe betätigen. Sein Gegenstand ist von vornherein das Kollektive"[173]. So liegt die Mentalität der großen Personen der Feudalzeit gerade in den Strukturen, die er mit seinen Zeitgenossen teilte – eine Ansicht, die sich auch bei Duby wiederfindet. Es wäre durchaus auch möglich, das Schaffen Georges Dubys in mehrere Phasen zu unterteilen: Nicht nur die Entwicklung der Annales, sondern auch die Entwicklung in Sachen Vorgehensweise, Schwerpunkte und spezielle Untersuchungsaspekte ließe sich in verschiedene Abschnitte gliedern. Das Hauptaugenmerk richtet sich hier jedoch auf den mentalitätsgeschichtlich ausgerichteten Duby aus dem Umfeld der Annales hin in seiner Entwicklung zu dem, was sich letztlich in der „Geschichte des privaten Lebens" findet. Gleichwohl seine Wurzeln und Einflüsse natürlich angemerkt werden. Der Übergang zum mentalitätsgeschichtlichen Forschen findet sich bei Duby Ende der 1950er Jahre, nachdem er zuvor eher eine marxistisch orientierte Ökonomiegeschichtsforschung betrieb. In einem Interview mit Nora konstatiert Duby selbst: „Als ich – ohne diese Art von Geschichtsschreibung abzulehnen – es für notwendig erachtete, meine Aufmerksamkeit vorrangig auf nichtmaterielle Faktoren gesellschaftlicher Entwicklung zu richten, war dies ein entscheidender Moment auf meinem Weg"[174]. Zudem ist zu sagen, dass eine solche Untergliederung zwangsläufig nur einer besonderen Schwerpunktsetzung zu einem bestimmten Zeitpunkt gleichzusetzen wäre. Sich auf bestimmte Themen zu fokussieren hat Duby nie dazu gebracht, andere Bereiche deshalb gänzlich zu negieren! Es lässt sich festhalten, dass seine Konzentration der Erforschung von Zusammenhängen menschlicher Denkmuster, Beziehungen und gesellschaftlicher Strukturen gilt. Angesichts der Fülle eines solchen Untersuchungsgegenstandes ist offensichtlich, dass Duby – wie er auch offen zugegeben hat – in seinen Werken nicht sämtliche Lebensbereiche der Feudalzeit dementsprechend adäquat abbilden konnte. Dennoch: „Namentlich für den Bereich der mittelalterlichen Gesellschaftsgeschichte hat dieser strukturhistorische Ansatz Dubys seine besondere Leistungsfähigkeit gezeigt"[175].

Rückgreifend auf die eingangs gestellte Frage, welcher Richtung Duby nun genau zuzuordnen ist, muss also die Erkenntnis lauten: Etwas von allem!

Duby forscht mit dem Werkzeug und den Fragestellungen eines Mentalitätshistorikers, sein Rüstzeug und Untersuchungsgebiet stammen wie die seines großen Vorbildes Bloch aus der Mediävistik, und der Schreibstil des in diesem Fachbuch untersuchten Werkes der

---

[173] Le Goff In: Raulff: Mentalitätengeschichte, S. 19.
[174] Pierre Nora: Die Kunst, das Schreiben und die Geschichte. Ein Interview mit Georges Duby. Als Anhang in: Seischab: Geschichte als Traum, S. 136.
[175] Ebd., S. 130.

„Geschichte des privaten Lebens" lässt die Grenzen zwischen Autor und Fachwissenschaftler, Fantasiebegabung und Faktensammeln, Schreiber und Forscher verschwimmen. Ein erster Schritt in seine Sonderstellung ist bereits der Blick auf seine wissenschaftlichen Wurzeln. „Georges Duby selbst war seiner Ausbildung nach zunächst Geograph, nicht Historiker; und die von ihm gegründete Schule wurde geprägt von Historikern, die bewußt die herkömmlichen Spezialdisziplinen der Mediävistik wie Diplomatik [...] oder Philologie mieden"[176]. In vielerlei Form auch in dieser Arbeit zitiert ist der Grund für sein Interesse an der Feudalzeit, das ihn, einmal geweckt, nie wieder verließ: „Die beiden Bände von Marc Bloch erreichten mich ganz genau im richtigen Moment. Mein Geist [...] (wurde) durch die leidenschaftliche Lektüre dieses Texts geformt"[177]. Dennoch kupferte Duby nicht blind ab, hielt ihn die Verehrung gegenüber Bloch nicht davon ab, diesen auch zu kritisieren. Wie bereits aufgezeigt, sieht er die Geschichtswissenschaft als nicht-statisch, und ist sich der Tatsache, dass einige von Blochs Thesen überholt beziehungsweise revidierungsbedürftig sind, durchaus bewusst.

Dass es schwer ist, Georges Duby einer bestimmten Richtung fest zuzuordnen, zeigt auch seine Herangehensweise in „Eine andere Geschichte": „Ich suchte Freiheit, überzeugt, daß es mir nützlich sein würde, mich nicht im Kreis der Mediävisten zu verschanzen"[178]. Auch vor scheinbaren Tabubrüchen – einen äußerst bedeutsamen untersucht das Kapitel zu Duby als Autor / Schriftsteller genauer – machte er nicht Halt, so er sie denn für nötig hielt. Duby schrieb zu den Reaktionen auf seinen Entschluss, mit der Rundfunk-Sendereihe „Die Unbekannten der Geschichte", in der er mit Guillaume le Maréchal einen englischen Regenten des zwölften Jahrhunderts vorstellte:

> Wie schon beim *Sonntag von Bouvines* konnte man mir auch jetzt einen Verrat am „Geist der Annales" vorwerfen. Unter den Epigonen von Marc Bloch und Lucien Febvre war ich in der Tat der erste, der sich darauf einließ, die Biographie eines „großen Mannes" zu schreiben.[179]

Tatsächlich widerstrebt es Duby, diesen Vorwurf zu akzeptieren, weshalb er revidierend schreibt: „Ich kehrte geradewegs zum Stil der Erzählung zurück. [...] Dennoch hielt ich mich

---

[176] Otto Gerhard Oexle (Hrsg.): Stand und Perspektiven der Mittelalterforschung am Ende des 20. Jahrhunderts, Göttingen 1996, S. 28.
[177] Duby: Eine andere Geschichte, S. 15.
[178] Ebd., S. 90.
[179] Ebd., S.145.

weiterhin an die Problem-Geschichte, die fragende Geschichte, und meine Frage blieb dieselbe: was ist die feudale Gesellschaft?"[180].

Duby hatte in dem was er tat also eine Sonderstellung, welcher er sich auch bewusst gewesen ist, und aus eben dieser heraus legitimiert er auch unorthodoxe Ansätze. Doch trotz aller angeführten und teils sicher auch berechtigten Kritik ist es eben diese Sonderstellung, die es ihm ermöglicht hat, nicht nur neue Fragestellungen zu entwickeln, sondern auch ein neues Publikum für selbige zu erschließen. Und letztlich auch zu neuen Erkenntnissen zu gelangen, die ihn für nachfolgende Generationen von Historikern wie Mediävisten, Laienautoren wie Fachleuten, Annales wie Positivisten, zu einem ähnlichen Antrieb für die eigene Arbeit werden lassen wie Marc Bloch es für Duby selbst gewesen ist – nicht unkritisch, aber voll verdientem Respekt.

Mit einem kurzen Seitenblick auf die Nachfolge Dubys gibt es Verfechter verschiedener Strömungen, die seine Forschungsweise der Untersuchung gesellschaftlicher Strukturen und verwandtschaftlicher Bindungen auf ihre Art und Weise fortsetzen wollen. Wie die Annales der 1960er Jahre eint aber auch sie weiterhin das gemeinsame „Dach" der interdisziplinären mentalitätsgeschichtlichen Forschung. „Von außen betrachtet ist ihr augenfälligstes Charakteristikum, daß ihre Argumentation weitgehend innerhalb der Paradigmen der älteren Tradition verläuft"[181], so Patrick J. Geary in seinem Aufsatz zur „Mittelalterforschung Heute und Morgen". Wie der Streit um das „Erbe" der Tradition Dubys (und somit in gewissem Sinne auch Blochs) auch beschaffen sein mag, er zeigt deutlich, welch tiefe Wirkung das Forschen und Schaffen dieses Mannes auf die Mediävistik und Mentalitätsgeschichte im Speziellen hatte und noch immer hat.

4.5 Der Autor als Träumer – das imaginative Element in der mediävistischen Geschichtsschreibung Georges Dubys

Boodmann stellt in seinem Werk über die Mittelalterforschung die Frage, die entscheidend für jedwede Art von Forschungsansatz, ob nun historisch oder mediävistisch, ist: „Wie dringt man in älteren Jahrhunderten bis zum Alltag derer vor, von denen wir in aller Regel nicht einmal den Namen wissen? Noch die besten Möglichkeiten bieten sich dort, wo Gerichtsverfahren, Aussagen aufgezeichnet werden"[182], gibt er auch gleich einen Ansatzpunkt mit auf den Weg. Doch Duby geht weit über diesen Ansatz hinaus. Wo materielle Quellen, die er ebenfalls nutzt fehlen, hört seine Forschungsarbeit nicht auf.

---

[180] Ebd., S. 146.
[181] Patrick J. Geary: Mittelalterforschung Heute und Morgen. In: Oexle: Mittelalterforschung, S. 86.
[182] Hartmut Boodmann: Das Mittelalter. Ein Lesebuch aus Texten und Zeugnissen des 6. bis 16. Jahrhunderts, München 1988, S. 135.

„Ich bin davon überzeugt, daß die Geschichte im Grunde der Traum eines Historikers ist [...]"[183], konstatiert er gegenüber Guy Lardreau in deren „Dialogen". Getreu dieser Vorstellung gibt Duby ganz offen zu, dass er in Werken wie unter anderem der „Geschichte des privaten Lebens" diese scheinbar irreale Komponente des Träumens mit einfließen lässt. Dennoch handelt es sich, wie Lardreau feststellt, um einen Traum, der nicht für sich steht, sondern Reglementierungen und Zwängen unterworfen ist, sind die ausgewerteten Quellen doch Teil einer streng geordneten Disziplin. Und so erscheint eine solche Vorgehensweise Dubys etwa angesichts Raulffs' Betrachtung der Mentalitätsgeschichte durchaus nicht verwerflich, sondern vielmehr logisch. „Denn mit dem ‚Kleinerwerden' der Quellen bzw. der Quellenautoren wächst umgekehrt derjenige, der sie rezipiert, kommentiert und interpretiert"[184]. Zumal sich Duby hier in bester Gesellschaft mit Größen der Mediävistik wie Umberto Eco findet, der zu seinem teils fiktiven mittelalterlichen Roman „Der Name der Rose" schrieb: „Nach einer Weile sagte ich mir, wenn das Mittelalter ohnehin mein tägliches Imaginarium ist, könnte ich ebenso gut auch einen Roman schreiben [...] denn [...] Gegenwart kenne ich nur aus dem Fernsehen, über das Mittelalter habe ich Kenntnisse aus erster Hand"[185].

Duby sah die Rolle der Imagination als grundlegend für die Entwicklung menschlicher Gesellschaften an. Er wies ihr eine Rolle zu, in der es „[...] die geschichtliche Entwicklung des Menschen dadurch bestimmt, daß es sich in ihre Vorstellungswelt einprägt"[186]. So rechtfertigt Duby seine eigenen Imaginationen, angesichts derer ihm allerdings vorgeworfen werden muss, dass er sie des Öfteren nicht explizit als solche kennzeichnet, wie folgt: „Man erwartet von mir, daß ich das gesamte verfügbare Material, und nur es, benutze. [...] Ansonsten darf ich mir, sofern ich dabei nicht nur Unsinn rede, alles vorstellen"[187].

Schildert Duby ein Geschehen, eine Situation oder ein Ereignis aus der Perspektive von Menschen, welche die von ihm untersuchte Epoche bevölkerten, so tut er dies de facto aus der Perspektive von Toten, was wiederum Fiktionalität impliziert. Jedoch gilt es für die „Geschichte des privaten Lebens" festzustellen, dass er eben jene Perspektiven zumeist nicht nur aus dem Blickwinkel von Individuen, sondern auch von Kollektiven wie Mönchen oder Adligen einnimmt, in Kapitel V zum Thema der Körperhygiene oder Kapitel II mit den Unterpunkten „Die Topographie des Adelshaushalts" und „Das Gefährliche: die Frauen und die Toten." Dort heißt es dann etwa zu bestimmten Räumlichkeiten des feudalen

---

[183] Duby, Lardreau: Dialoge, S. 48.
[184] Raulff: Mentalitäten-Geschichte, S. 15.
[185] Umberto Eco: Auf dem Wege zu einem Neuen Mittelalter. Ein Lesebuch, München 1989, S. 53.
[186] Nora: Interview mit Georges Duby. In: Seischab: Geschichte als Traum, S. 154f.
[187] Duby, Lardreau: Dialoge, S. 184.

Adelshaushaltes sehr allgemein formuliert: „In diesem privatesten Bezirk herrschte die Frau über das dunkle Reich der geschlechtlichen Lust, der Fortpflanzung und des Todes"[188]. Zum Zweiten erfindet Duby keineswegs das Dargestellte nach freier Willkür, sondern zieht sehr wohl real existierende Quellen als Hilfsmittel heran. Eine Vorgehensweise, die etwa Rüth wie folgt rechtfertigt: „Der Historiker gibt sich die Funktion eines Mystagogen, der den Vorhang hebt und dem Leser einen Blick auf eine verlorengegangene, ihm unbekannte Welt ermöglicht"[189].

Die Arbeit mit und an Quellen bedeutete für Georges Duby mehr als nur die Auseinandersetzung mit Vergangenem. Er wollte diese Epoche wieder vor sich auferstehen lassen – er träumte sich das Feudalzeitalter zurück. „Das war mein Ziel: ich wollte diese Männer, diese Frauen über acht Jahrhunderte hinweg erreichen"[190]. Dabei verliert Duby jedoch nicht den wissenschaftlichen Anspruch und die damit einhergehende Verantwortung aus den Augen. „Allerdings achte ich sorgfältig darauf, daß der Spielraum des Imaginären fest an jene Krampen gebunden bleibt, von denen ich im Namen einer Moral, der des Gelehrten [...] alle minutiös auf ihre Haltbarkeit geprüft habe. Ich spreche von den Quellen, meinen „Beweisen""[191]. Und an anderer Stelle äußert er: „Ich versuchte in die Haut der Menschen, die ich beobachtete, zu schlüpfen, so wie sie zu denken und zu empfinden"[192].

Interessant ist, dass Duby in diesem Interview davon spricht, dass er die Menschen der Feudalzeit „beobachte", nicht etwa erforsche. Dies zeigt, wie sehr er versucht, sich zwecks besseren Verständnisses das Vergangene präsent zu machen – notfalls auch ohne die letzte definitive wissenschaftliche Absicherung, sondern zwecks des am vernünftigsten erscheinenden imaginativen Denkens. Dass Duby mit seinen Erkenntnisschlüssen und Aufarbeitungen trotz aller wissenschaftlichen Hilfsmittel und Herangehensweisen neben dem Erträumten doch immer ein Bild des feudalen Mittelalters schuf, das topische Züge trägt, wird auch von ihm selbst nicht bestritten: „Was sich im Mâconnais abspielt, muß sich nicht notwendigerweise zum selben Zeitpunkt in der Vendôme oder in Lothringen ereignen"[193], so Duby, der also durchaus keine Allgemeingültigkeit für sämtliche Erkenntnisse seiner Forschung beanspruchen kann und will.

Mahnende Worte für ein solches mit Imagination arbeitendes Vorgehen im Allgemeinen findet Clifford Geertz, der konstatiert: „Die Gewohnheitssünde vieler deutender Ansätze – sei

---

[188] Duby, Ariés: Geschichte des privaten Lebens, S. 90.
[189] Rüth: Erzählte Geschichte, S. 82.
[190] Duby: Eine andere Geschichte, S. 37.
[191] Ebd., S. 65.
[192] Nora: Interview mit Georges Duby. In: Seischab: Geschichte als Traum, S. 157.
[193] Ebd., S. 139f.

es zur Untersuchung von Literatur, von Träumen, Symptomen oder Kulturen – besteht darin, dass es ihnen an begrifflicher Präzision fehlt [...]"[194]. Die Beweisführung für die Richtigkeit einer seitens des Forschers beziehungsweise Autors aufgestellten These wird also, und in diesem Punkt kritisiert Geertz zurecht, auf dessen Einfühlungsvermögen in die Denkmuster und Kultur des Untersuchten zurückgeführt, anstatt konkret nachvollziehbare Fakten darzulegen. Jedoch muss für die „Geschichte des privaten Lebens" gesagt werden, dass Duby hier keineswegs nur mit Berufung auf seine Sensibilität für die Feudalzeit Fakten erstellt. Sondern, wie im nächsten Punkt gezeigt werden wird, auch eine Vielzahl „harter" Quellen nutzt. Hier ließe sich zudem wiederum Dubys Aussage anbringen, dass er sich alles vorstellen dürfe, solange es plausibel erklärbar bleibt.

Wenn der Autor also nicht sicher belegen kann, wie genau sich bestimmte Ereignisse zugetragen haben, inwiefern ist er dann berechtigt zu schreiben, als ob er wisse wie sie sich höchstwahrscheinlich zugetragen haben mögen? Inwiefern kann er den Quellen eine Wahrheit entlocken, die diese nicht von selbst preiszugeben bereit sind? Duby konstatiert, dass der Historiker sich dieser Art von Wahrheit auf einer Ebene nähern müsse, auf der er „[...] nicht etwa nach den Fakten fragt, die der Zeuge berichtet, sondern nach der Art und Weise, wie er sie darstellt"[195]. Er verteidigt seine Vorgehensweise mit durchaus rationalen Argumenten, denn der oft bescholtene Erfolg im Sinne von Popularität und dem Wecken von Interesse eines historisch nicht vorgebildeten Publikums gab Duby seiner Ansicht nach Recht. Zumal man ihm trotz aller Imagination keine schwerwiegenden wissenschaftlichen Fehlgriffe vorwerfen kann. „Ich erfinde zwar, bin dabei aber bemüht, das von mir Erfundene auf ein stabiles Fundament zu stellen und von streng kritisierten Quellen und möglichst genauen und exakten Aussagen auszugehen"[196].

Wie wichtig die Nutzung von Imagination in der Mediävistik sein kann deutet bereits Norbert Elias in seinem Werk „Über den Prozeß der Zivilisation" an, wenn er darauf verweist, dass ein und der selbe Untersuchungsgegenstand in verschiedenen Epochen doch gänzlich anders rezipiert wurde. Hier ist es zum Verstehen der Vergangenheit beinahe unerlässlich, sich in deren Denkmuster zurückzuversetzen. „Die Veränderungen werden damit deutlicher, als wenn man sie lediglich mit den eigenen Worten beschreibt"[197]. Dem schließt sich im Grunde auch wiederum Geertz an, der meint: „Eine gute Interpretation von was auch immer – einem

---

[194] Clifford Geertz: Dichte Beschreibung. Beiträge zum Verstehen kultureller Systeme, Frankfurt a.M. 1983, S. 34.
[195] Seischab: Geschichte als Traum, S. 9.
[196] Duby, Lardreau: Dialoge, S. 44.
[197] Norbert Elias: Über den Prozeß der Zivilisation. Soziogenetische und psychogenetische Untersuchungen, Amsterdam 1997, S. 9.

Gedicht, einer Person, einer Geschichte, einem Ritual, einer Institution, einer Gesellschaft – versetzt uns mitten hinein in das, was interpretiert wird"[198]. Genau dies ist Dubys Ziel – nicht nur selbst zu träumen, sondern seine Leser mitzuziehen in eine vergangene Epoche. Sie für die Dauer des Lesens seiner Werke ein Stück weit dort hineinzuversetzen, um ihnen ein besseres Verständnis des mit Worten oft nur schwer Erklärbaren zu vermitteln. Ein Plädoyer für den richtigen Einsatz des Imaginativen in der Geschichtsschreibung findet sich auch bei Le Goff. „Es gibt [...] Phantasie, die ein Historiker aufweisen kann: diejenige, die darin besteht zum Leben zu erwecken, was in den Quellen begraben ist, und die einen Teil der historischen Arbeit ausmacht, weil sie Handlungen von Menschen zeigt und erklärt"[199].

Der Bereich des von Duby als das unabdingbare Träumen des Historikers betitelten war und ist Angriffspunkt für Kritiker der Annales, denen manche ihrer Mitglieder wie etwa Pierre Chaunu durch eine Vielzahl an Statistiken und Zahlenwerten entgegen zu steuern versuchten. Duby mit seinem speziellen Anspruch an seine Werke und Forschung reihte sich hier allerdings nicht ein; vielmehr streicht dies auch hier seine Sonderrolle im Annaleschen Umfeld heraus. Zahlen waren für Duby oft die Vorspiegelung einer trügerischen Sicherheit über scheinbar bestimmte Fakten. „Von dieser „Obsession der Zahlen" hielt der Historiker Duby, für den die Geschichtsschreibung immer auch eine „essentiell literarische Kunst" darstellte, nicht viel"[200]. Wie Duby es selbst formulierte: „Eine übertriebene Quantifizierung kann auch als Dunstwolke, als Alibi, funktionieren"[201].

4.6 Duby und die Geschichte(n). Kritik an und Innovation bei Georges Dubys Schreibstil

„Ich messe dem Ausdruck, der Schreibweise einen großen Wert bei – in meinem Fall, der Art und Weise wie man Geschichte schreibt. Ich halte die Geschichtswissenschaft vor allem für eine Kunst, eine essentiell literarische Kunst"[202]. Diese Aussage Georges Dubys führt zu einem Punkt der Untersuchung, die gut in seine bereits angesprochene Sonderrolle in der Mediävistik beziehungsweise mentalitätsgeschichtlichen Forschung passt, ihm von Seiten anderer Geschichtsforscher auch Kritik eintrug, und doch für eine Welle „neuer Geschichtsschreibung" sorgte: Seinem Schreibstil, den zu untersuchen aus literaturwissenschaftlichem Blickwinkel von großem Interesse ist. Bei Dubys Werken wie der „Geschichte des privaten Lebens" entsteht eine Verschmelzung von Historie und Literatur,

---

[198] Geertz: Dichte Beschreibung, S. 26.
[199] Jacques Le Goff: Geschichte und Gedächtnis, Frankfurt am Main 1999, S. 160.
[200] Seischab: Geschichte als Traum, S. 68.
[201] Ebd., S. 68.
[202] Duby, Lardreau: Dialoge, S. 49.

eine Mischung aus Mediävistik und Imagination, ein Amalgam aus Geschichte und Geschichten.

Raphael schreibt über die Formulierungen vieler Annales-Schreiber: „Das narrative Element ist in diesen Texten dann in der Regel als illustrativer Bericht über „typische" Ereignisse eingefügt"[203], und diese Feststellung trifft auch auf das dubysche Werk zu. Dabei stecken für diesen hinter dieser Darstellungsweise wohlkalkulierte Pläne. Die fehlenden Angaben im Sinne von Quellenverweisen und Fußnoten in der „Geschichte des privaten Lebens" etwa rechtfertigt Duby damit, dass diese einen Großteil von (potentiellen) Lesern in der Vergangenheit zu sehr gelangweilt haben, er diese Leserschaft aber für ernsthaft forschende Schreiber erhalten wollte: „Eine dreiviertel Seite Anmerkungen lenkte von der Lektüre des übrigens kaum lesbaren Restes ab, und in der Folge wandte sich das geschichtsbegierige Publikum Leuten zu, die aus zweiter Hand schrieben"[204]. Trotz aller hehren Absichten sind Dubys Argumente teils kritisch zu sehen. Wenn er Lardreau in den „Dialogen" wissen lässt:

> Wenn ich mich in meinen letzten Büchern dazu entschlossen habe, die Fußnoten fast ganz verschwinden zu lassen, dann deshalb, weil ich mich nicht dazu verpflichtet fühle, meine Nachweise auszupacken, und weil ich annehme, daß die Berufshistoriker, die mich lesen, schon wissen werden, woher ich meine Behauptungen beziehe[205]

so zeugt dies von einer gewissen Arroganz, die Duby selbst doch immer so vehement zu verachten vorgegeben hat. Schließlich impliziert seine Aussage, dass jeder, der sich mit seinen Forschungen beschäftigen will, selbst erstmal selbige zu überprüfen habe. Zweitens setzt er damit ohne Berechtigung den Wissensdurst nicht-akademischer Leser – und auch ein solches Publikum will er ja erreichen – herab. Dennoch steht außer Frage, dass die Breitenwirkung der mediävistischen und historischen Forschung durch Dubys Vorgehen starke neue Impulse gewann, seit er dem Credo folgte: „Meines Erachtens darf die Geschichte nicht hauptsächlich von denen konsumiert werden, die sie produzieren"[206]. Um diesen Ausschluss von Nicht-Historiker-Publikum zu vermeiden, schreibt er also unter anderem in der „Geschichte des privaten Lebens" ohne Fußnoten. „Ich glaube an den Nutzen einer gut

---

[203] Raphael: Die Erben von Bloch und Febvre, S. 308.
[204] Duby, Lardreau: Dialoge, S 55.
[205] Ebd.
[206] Ebd., S. 185.

geschriebenen Geschichte, das heißt [...] einer mit klarem Verstand und Leidenschaft geschriebenen Geschichte"[207].

Ein weiteres Argument für die Unvermeidbarkeit einer Verquickung von literarischem Anspruch und historischer Erkenntnis:

> Der schon durch die Studien der mediävistischen Nouvelle Histoire (Jacques LE GOFF und Georges DUBY) eingeleitete Paradigmenwechsel in der Geschichtswissenschaft zur *histoire totale*, Mentalitätsgeschichte und historischer Anthropologie hat einen hohen Wert auch für Literaturwissenschaft, besonders wenn sie sich mit psychischen, körperlichen, sozialen sowie geschlechtsspezifischen Phänomenen und deren literarischer Symbolisierung beschäftigt.[208]

Unter diese Phänomene fallen auch die von Duby und Ariès in der „Geschichte des privaten Lebens" untersuchten Memoria, Sexualität und Familia.

Dabei muss betont werden, dass Duby trotz seiner Eingängigkeit in der Darstellung der „Geschichte des privaten Lebens" und anderer Werke noch immer die mentalitätshistorische Forschung im Fokus hat; er schreibt nicht um des schönen Stils als narzisstischen Selbstzweck willen, sondern nutzt vielmehr die klare und leicht verständliche Sprache, um Wissenschaft zugänglicher zu machen. Rüth schreibt sehr treffend „Wenn Duby programmatisch behauptet, zu erzählen läge nicht [...] in seiner Absicht, dann müssen wir uns stets vor Augen halten, dass es positivistische und nationalistische historische Erzählung ist, von der er sich abgrenzen will"[209].

Unterstützung findet Duby mit diesem Stil etwa bei Lardreau. Dieser konstatiert in seinem Essay zur „Neuen Positivität der Geschichte": „Man mag darüber denken, wie man will: die Leser lieben nach wie vor Berichte, Erzählungen, Legenden – mit einem Wort, sie wollen Geschichten erzählt bekommen"[210]. Und weiter: „Um einer Literatur von Rang zu begegnen, die etwas *erzählt*, muss man Geschichtsbücher lesen: nur mehr die Geschichte erzählt noch Geschichten"[211]. Dieser einfachere, leichter lesbare und teils beinahe an Romanform erinnernde Stil ist für Duby Mittel zum Zweck, seine Miteinbeziehung des imaginativen

---

[207] Ebd.,. S. 186.
[208] Hans-Werner Goetz (Hrsg): Das Mittelalter, S.125.
[209] Rüth: Erzählte Geschichte, S. 57.
[210] Duby, Lardreau: Dialoge, S. 7.
[211] Ebd., S. 8.

Elements – auf das im vorangegangenen Punkt genauer eingegangen wurde – auf sein Publikum zu übertragen, es an seinen Gedankengängen teilhaben zu lassen.

> Eine gewisse Schreibweise ist nicht nur ein Mittel zu überzeugen, ein Mittel zu fesseln [...] sie ist auch ein Mittel dazu, mit Hilfe literarischer Kunstgriffe jene unmerklichen Sprünge und hexerischen Diskontinuitäten zustandezubringen, die den Leser genauso zum Träumen bringen, wie der Historiker seinerseits träumt.[212]

Genau dieses Entgegenkommen des Autors gegenüber der breiten Leserschaft ist es, was vielen vergleichbaren Werken fehlte: Phantasie und die Bereitschaft des Forschers, sich ein Stück weit, wie Duby es formuliert, in jene vergangene Welt hinein zu träumen und sich auf diese Art und Weise nicht in einem all zu elitären, exklusiven Wissenschaftskosmos nur an den eigenen Erkenntnissen zu freuen anstatt diese auch zu teilen. Auch Le Goff greift in seinen Überlegungen zum Unterschied von Geschichte und Geschichten auf Dubys Ansicht zurück, Geschichte sei „[...] vor allem eine Kunst, im wesentlichen eine literarische Kunst"[213], jedoch versehen mit einem gewissen Sonderstatus, denn es sei schließlich „[...] das historische Werk kein Kunstwerk wie jedes andere ist und daß der historische Diskurs seine Eigentümlichkeiten hat"[214].

Fried konstatiert in einer Betrachtung des Stands der Mediävistikforschung am Ende des 20. Jahrhunderts, der historisch forschende Mediävist sei bescheidener geworden „[...] als er früher war, hat erkannt, daß er unauslöschlich [...] in der von ihm konstruierten Geschichte mit enthalten ist, wie es die Väter der historisch-kritischen Methode und der modernen Geschichtswissenschaft sich nicht haben träume lassen"[215]. Duby erkennt dies und nimmt offen zu seinem Vorgehen Stellung. So ist die Eingängigkeit, ja mehr noch gar der Wohlklang des Wortes wie in Unterhaltungsliteratur für Duby ein eminent wichtiger Faktor und steht auf einer Stufe mit dem wissenschaftlichen Erkenntnisstreben: „Die Rhythmen, die Musikalität des Geschriebenen bedeuten mir jedoch sehr viel"[216]. Sprachliche Formulierungen sind also ein Mittel, dass für Duby ebensoviel Überzeugungskraft liefert wie belegbare Fakten. „[...] mit der Sprache versucht er beim Leser bildliche Vorstellungen zu erzeugen, dessen Phantasie

---

[212] Ebd., S. 50.
[213] Le Goff, Geschichte und Gedächtnis, S. 158.
[214] Ebd., S. 158.
[215] Fried In: Oexle: Mittelalterforschung, S. 69.
[216] Duby, Lardreau: Dialoge, S. 50.

und Emotionen anzusprechen [...]"[217]. Dass Duby hierbei die Umsetzung der genannten Vorhaben gelegentlich über die Grenze des wissenschaftlich Vertretbaren hinaus führt, muss allerdings auch kritisch angemerkt werden. So formuliert er an manchen Stellen Gefühlshaltungen feudaler Menschen, die er nicht begründen, sondern bestenfalls eben qua Imagination vermuten kann. Da heißt es etwa in Kapitel II: „Nach der Ermordung des Grafen von Flandern in Brügge 1127 zogen sich die Mörder in die Kappelle zurück [...] schmausten und zechten auf dem Leichnam und meinten, daß sie keinen Rächer zu fürchten hätten [...]"[218]. Der Wandel in Dubys Schreibweise von der anfangs klassisch-wissenschaftlichen zu einer – nachdem er sich in der Fachwelt Anerkennung verdient und einen Namen gemacht hatte – am Leser orientierten beruht somit auch auf einer Erkenntnis, die Umberto Eco in seiner Untersuchung des Autor-Leser-Verhältnisses formuliert: „Die Kompetenz des Empfängers ist nicht notwendigerweise die des Senders"[219]. Duby verfolgt mit seiner Art der Schreibweise und Textdarstellung, wie dem Verzicht auf Fußnoten, eine – um erneut auf Eco zurückzugreifen – bestimmte Strategie: „einen Text hervorbringen, bedeutet, eine Strategie zu verfolgen, in der die vorhergesehenen Züge eines Anderen miteinbezogen werden [...]"[220]. Der Autor muss in dieser Strategie also voraussetzen, dass die Kompetenzen des Lesers diejenigen nicht unterschreitet, die er selbigem zumutet. Um dies zu erreichen gibt es laut Eco mehrere Möglichkeiten: „die Auswahl einer Sprache [...] die Auswahl einer bestimmten Art von Enzyklopädie [...] die Auswahl eines bestimmten Wortschatzes, eines bestimmten stilistischen Niveaus"[221]. Eben jenes wird von Duby ganz bewusst zur Umsetzung seiner Ziele gegenüber der breiteren Leserschaft genutzt.

Dabei ist klar festzuhalten, dass seine Arbeiten nie in das Genre der reinen Unterhaltung abdriften und bestenfalls noch mit historischen Fakten gewürzt sind. Der wissenschaftliche Anspruch bleibt stets erkennbar. „Alle Bücher, die ich geschrieben habe, habe ich nicht nur zu meiner Zerstreuung [...] geschrieben, sondern deshalb, weil ich im Innersten davon überzeugt bin, daß meine Arbeit für die Menschen meiner Zeit nützlich, praktisch nützlich sein kann"[222]. Hier ließe sich eine Definition Hayden Whites heranziehen, der zum Unterschied Historiker – fiktionaler Schriftsteller feststellt:

---

[217] Seischab: Geschichte als Traum, S. 71f.
[218] Duby, Ariés: Geschichte des privaten Lebens, S. 93.
[219] Umberto Eco: Lector in fabula. Die Mitarbeit der Interpretation in erzählenden Texten, München 1987, S. 64.
[220] Ebd., S. 65f.
[221] Ebd., S. 67f.
[222] Duby, Lardreau: Dialoge, S. 179.

> Historians are concerned with events which can be assigned to specific time-space locations, events which are (or were) in priciple observable or perceivable, whereas imaginative writers [...] are concerned with both the kinds of events and imagined, hypothetical, or invented ones.[223]

Gleichwohl hält er fest, dass es Überschneidungen zwischen diesen beiden Polen gibt, er spricht dabei von "[...] the extent to which the discourse of the historian and that of the imaginative writer overlap, resemble or correspond with each other"[224]. Unter eben diese Gruppe fällt auch Duby.

Ein solcher Ansatz wie der von Duby vertretene – wenngleich der Mentalitätshistoriker mit dem Verzicht auf Fußnoten, exakte Quellenhinweise und dem mehr beobachtenden denn deskriptiven Schreibstil dies ins Extreme zieht – ist laut Hayden Whites Untersuchung zu „Historicism, History and the Imagination" generell nicht zu vermeiden:

> A rhetorical analysis of historical discourse would recognize that every history worthy of the name contains not only a certain amount of information and an explanation (or interpretation) of what this information „means" but also a more or less overt message about the attitude the reader should assume [...][225]

Diese Einstellung des Lesers definiert Duby zusammengefasst als Interesse an der Materie. Dabei darf es für seine Definition des Lesers keinen Unterschied machen dürfen, ob dieser nun schon historische Vorkenntnisse besitzt oder als Laie seine Texte liest. Entsprechend formuliert er in seinen Werken. Im selben Kontext verteidigt White – selbstverständlich ohne diesen explizit zu nennen, sondern in einer allgemeingültigen These zu diesem Thema – auch das Vorgehen Dubys in der „Geschichte des privaten Lebens" oder vergleichbaren Werken:

> Figures of speech are the very marrow of the historian's individual style. Remove them from the discourse, and you destroy much of its impact [...] there can be no such thing as a nonrelativistic representation of historical reality, inasmuch as every account of the past is mediated by the language mode in

---

[223] Hayden V. White: Tropics of discourse. Essays in cultural criticism, Baltimore 1978, S. 121.
[224] Ebd., S. 121.
[225] Ebd., S. 105.

which the historian casts his original description of the historical field prior to any analysis, explanation or interpretation he may offer of it."[226]

Zu seinem literarischen Anspruch konstatiert Duby selbst: „Ich mußte also Möglichkeiten der Vermittlung, Ausdrucksformen, Begriffe, eine Art von Poetik finden, die geeignet wäre, nicht nur intellektuelle, sondern auch emotionale Inhalte zu kommunizieren"[227]. White lobt auch die Literarizität des Historikers im Allgemeinen als wichtige Errungenschaft:

> […] it is precisely this literary or artistic component in their discourse […] that we pay tribute when we honour their works as models of the historian's craft long after we have ceased to credit their learning or the specific explanations that they offered for the "facts" they had sought to account for.[228]

---

[226] Ebd., S. 105ff.
[227] Nora: Interview mit Georges Duby. In: Seischab, S. 148.
[228] White: Tropics of discourse, S. 118.

5. Die „Geschichte des privaten Lebens"

5.1. Einführung zu Aufbau und Inhalt in speziellem Bezug auf Georges Dubys Vorgehensweise

Die Geschichte des privaten Lebens, ein reich bebildertes, mit Beiträgen von mehreren in der mentalitätsgeschichtlichen Forschungsrichtung der Annales verhafteten Autoren versehenes Werk, beschäftigt sich nicht mit den „großen Männern und Frauen" der Geschichte, sondern ganz im Zuge der Herangehensweise der klassischen Annales mit größtenteils „namenlosen" Individuen. Wobei dieser Terminus die Betrachtung des privaten Lebens, Denkens, Handelns und Daseins eines beliebigen Personenkreises der jeweiligen Zeitepoche sein kann. Es steht somit in der Tradition der dritten Annales-Generation, der Georges Duby, will man sein Schaffen derart unterteilen, als Herausgeber des Werkes zuzuordnen wäre. Die spezielle Untersuchung unter dem Aspekt des Buches als eines für die „Annales d'histoire économique et sociale" typischen Werkes soll also mit Konzentration auf den Mitherausgeber, Historiker und Mediävisten Duby und seine Beiträge zum 2. Band „Vom Feudalzeitalter zur Renaissance" geschehen. Die von ihm verfassten Abschnitte werden genauer vorgestellt und kritisch hinterfragt. Auch will der folgende Teil dieses Werks mit Hilfe der in Kapitel IV herausgearbeiteten Kenntnisse über Biographie und Prägungen, persönliche Erfahrungswerte und Einflüsse Dubys seine Herangehensweise anhand exemplarischer Beispiele genauer untersuchen und analysieren.

Schließlich soll dieser Abschnitt auch herausstellen, für welches Lesepublikum sich die „Geschichte des privaten Lebens" eignet, wo die Stärken und Schwächen des Werks liegen, und ob es zu Recht zu den Klassikern aus dem Bereich der Mentalitätsgeschichte gezählt werden darf.

Hinweis: Wenn im Folgenden von der „Geschichte des privaten Lebens" die Rede ist, so ist damit - falls nicht anders angemerkt – stets der zweite Band, „Vom Feudalzeitalter zur Renaissance", gemeint.

Als Wissenschaftler aus dem Umfeld der Annales d'histoire économique et sociale sind Dubys Beiträge zu diesem Sammelband an deren Prämissen orientiert. Bevor genauer auf die Kapitel und Beiträge Dubys in der „Geschichte des privaten Lebens" eingegangen wird, sollen deshalb an dieser Stelle noch einmal einige typische Merkmale der Annalesforschung, die bisher erläutert und angeführt wurden und welche nunmehr in diesem Werk auftauchen, herausgehoben und in aller gegebenen Kürze rekapituliert werden.

Man darf die „Geschichte des privaten Lebens" als geneigter Leser nicht unter dem Kontext eines chronologisch oder auf Einzelpersonen bezogen aufgebauten Geschichtsbuches zur Hand nehmen. Vielmehr handelt es sich hierbei um ein Werk aus der Kategorie der Mentalitätsgeschichte. Ein genanntes immanentes Attribut der unter Punkt 3.1 bis 3.3 behandelten Mentalitätsgeschichte, das sich deutlich in der „Geschichte des privaten Lebens" wiederfindet, ist dass sie sich auf kollektive Weltanschauungen und alltägliche Verhaltensmuster der breiten Masse der Bevölkerung konzentrieren – im Gegensatz zur Betrachtung einzelner herausragender Persönlichkeiten und Ereignisse wie bei der Sozial- oder Politikgeschichte. Ansatzpunkte der Fragestellungen des Werks sind, was die Handlungsweisen der Menschen zur Feudalzeit in einem bestimmten Umfeld hervorgerufen und geprägt hat, und inwiefern sich diese auf die Ausbildung sozialer Strukturen ausgewirkt haben. Duby nennt hier als ein Beispiel unter vielen die „[…] eigenartige Bindung zwischen dem König und den Angehörigen seines Gefolges"[229] und erläutert anhand von beispielhaften Gebärden und Tischsitten, inwiefern hier Loyalität und Zusammengehörigkeitsgefühl geschaffen wurden.

> Wenn sich im Frühling alle, die im karolingischen Reich zählten, in Gegenwart des Königs versammelten, dann ging es zu wie bei einem Familientreffen mit Austausch von Geschenken und fröhlichem Gelage. Dies bot Gelegenheit zur notwendigen Inszenierung der königlichen Privatheit.[230]

An anderer Stelle geht er auf die Praxis des Austauschs junger Adliger zwischen befreundeten Höfen als Maßnahme zu Konfliktminderung ein. „Es wurde auch Brauch, halbwüchsige Jünglinge fern von zu Hause in den ritterlichen Künsten unterweisen zu lassen"[231]. Untersucht wird also eine Alltags-, und nicht eine reine Ereignisgeschichte. Auch die Rezeption der Zeit durch die Menschen in den untersuchten Zeitaltern fließt in die Betrachtung mit ein: Wie schnell verging die Zeit für die in der untersuchten Epoche lebenden Individuen? Vergleichbare Beispiele neben der „Geschichte des privaten Lebens" aus der Gruppe der Annales für eine solche Untersuchung kollektiver Vorstellungs- und Handlungsmuster wären etwa bei den Begründern Marc Bloch, dem großen Vorbild Dubys, und dessen Geschichte der „Wundertätigen Könige im Mittelalter" sowie Fernand Braudels "La Méditerranné et le monde méditerranéen à l'èpoque de Philippe II" zu finden.

---

[229] Duby, Ariés: Geschichte des privaten Lebens, S. 30.
[230] Ebd., S. 31.
[231] Ebd., S. 86.

Dabei ist der Terminus der „Mentalität" wie bereits erwähnt viel diskutiert. Mandrou etwa setzt sie – worauf sich die meisten Wissenschaftler einigen können – mit einer „vision du monde", also Weltsicht gleich. Entscheidend soll nach dem bereits erfolgten Nachweis der Problematik bezüglich des Terminus an dieser Stelle sein, was Duby im vorliegenden Werk selbst als zu untersuchende Themengebiete an die Mentalitätsgeschichte stellt. Nämlich:

> Das geistige Rüstzeug einer Zeit, die Erziehung und die Kindheit, die Kommunikationsstrukturen, die Geselligkeit, die Kultur [...] die Zeremonien und Rituale, die die Begegnungen zwischen Menschen steuern, das künstlerische Schaffen [...] und die philosophischen Ideen wurden als mögliche Gegenstände der Mentalitätsgeschichte vorgestellt.[232]

Diese Betrachtungspunkte finden sich denn auch in der „Geschichte des privaten Lebens" wieder. Mentalitätsgeschichte, die „[...] sozialpsychologische Dimension der Annales-Historiographie"[233] allgemein, ist insbesondere für die Erforschung des Mittelalters und der Frühen Neuzeit insofern äußerst wichtig geworden, als durch sie der Geschichtswissenschaft neue Themenfelder erschlossen wurden, die jenseits von Sozial- und Politikgeschichte lagen. Das interdisziplinäre Arbeiten seitens Duby zeigt sich hier bei der Untersuchung verschiedener alltäglicher Gebrauchs- und Handwerksgegenstände in Zusammenarbeit mit Archäologen, Chemikern und anderen Forschungszweigen mehr. Dabei gab es durchaus innerhalb der Annales differierende Herangehensweisen:
„Daß sie (die Annales E.S.C.) das Organ einer genau eingrenzbaren Schule ist, wird auch durch solche Historiker verneint, die in der Zeitschrift publizieren [...]"[234].
Speziell auf Duby bezogen muss deshalb gesagt werden, dass ihm zu Beginn seiner Autorentätigkeit durchaus klar war, dass er als Anhänger der Schule der Annales mit seiner Herangehensweise noch eine Sonderrolle einnahm: „Zu der Zeit, von der ich spreche, hielten sich die meisten beschlagenen Historiker noch an das Studium der äußeren Wirkungen der politischen, militärischen oder religiösen Macht"[235], so Duby dazu. Er beschritt mit seinen Forschungen also einen noch keineswegs in breitem Umfang akzeptierten Weg. Im Kontext seiner Doktorarbeit stellte er auch die Hintergründe und Wurzeln seiner Handlungsweise dar,

---
[232] Riecks: Sozial- und Mentalitätsgeschichte, Seite 83.
[233] Ebd., S. 121.
[234] Ebd. S. 6f.
[235] Duby: Eine andere Geschichte, S. 9.

auf die die „Geschichte des privaten Lebens" ebenfalls aufbaut und die deshalb hier von Interesse sind:

„Ich machte ausdrücklich ein soziales Gefüge zum Gegenstand meiner Untersuchung; die sogenannte Feudalgesellschaft, eine Gesellschaft, deren Gerüst sich in einer Zeit herausgebildet hat [...]"[236]. Diese Entscheidung begründet er wie folgt: „Weil ich, ehe ich bei Historikern in die Lehre ging, von Geographen ausgebildet worden war, und weil diese mir sehr früh geraten hatten, Marc Bloch und die *Annales* (...) zu lesen"[237]. Dort liegt der Grundstein für die Zielsetzung des hier vorgestellten Werkes:

> Sehr viel fleischlicher, sinnlicher und vor allem nützlicher als die oberflächliche Geschichte herausragender Individuen wie Fürsten, Generäle, Prälaten oder Finanzmänner, deren Entscheidungen das Ausbrechen der Ereignisse zu bestimmen scheinen, war meines Erachtens die Geschichte des einfachen Mannes, des in die Gesellschaft eingebundenen Menschen.[238]

So der Autor zu seiner Arbeitsweise. Eben jene Feudalgesellschaft ist also auch im vorliegenden Werk Hauptgegenstand der Untersuchungen, eben jene sozialen Gefüge betrachtet Duby auf der Suche nach Definition von privatem Leben vor rund zehn Jahrhunderten.

Wenn Duby also in der Einleitung die Arbeit der Herausgeber der „Geschichte des privaten Lebens" mit den Probebohrungen von Archäologen vergleicht, so zeigt dies zweierlei sehr deutlich: Erstens die nicht vollständige Rekonstruierbarkeit einer vergangenen Epoche, zum zweiten ist es programmatisch dafür, wie wenig er die Annäherung an andere Disziplinen im Zuge seiner eigenen Forschungen scheut.

5.2 Themen, Quellen und Untersuchungsbereiche Dubys in der „Geschichte des privaten Lebens"

Dubys großes Ziel seit den 1970er Jahren war nach eigener Aussage, „[...] die Diskurse, deren Gegenstand die feudale Gesellschaft als Ganzes oder einer einzelnen sozialen Gruppe im besonderen bildeten, zu rekonstruieren [...]"[239]. Eben diesen Ansatz setzt er nun in der „Geschichte des privaten Lebens" fort.

---

[236] Ebd., S. 12
[237] Ebd.
[238] Ebd., S. 13.
[239] Nora: Interview mit Georges Duby. In: Seischab: Geschichte als Traum, S. 150.

„Das private Leben im Feudalzeitalter – wie sah es aus?"[240], fragt sich der auf diese Weise geprägte Autor im einleitenden Satz zum Kapitel „Vom Wort ausgehen". Mit eben jenem Thema beschäftigt sich der zweite Band der fünfteiligen Reihe, der sich hier insbesondere deshalb dazu eignet näher betrachtet zu werden, da trotz der Konzentration auf die Beiträge Dubys hier nicht nur allgemein die Arbeitsweise der Annales aufgezeigt werden kann, sondern dies zudem durch Beiträge innerhalb des Bandes von verschiedenen mentalitätsgeschichtlichen Autoren auf einer breiteren Ebene deutlich gemacht wird. Die Untersuchung des Privaten gestaltet sich dabei als kein einfaches Unterfangen; nicht nur Duby selbst, sondern auch Forscher, die sich später mit der Thematik befassten konstatieren: „Die diesbezüglichen Schwierigkeiten sind in der im Vergleich zu anderen Epochen schwierigen Quellenlage […] begründet"[241].

Negativ formuliert könnte man mit Burke feststellen: „Aufgrund der Bedeutung der Politik in der Geschichte des zwanzigsten Jahrhunderts ist das *Annales*-Paradigma für diesen Zeitraum nicht anwendbar"[242]. Im Umkehrschluss kann jedoch daraus gefolgert werden, dass sich die Erforschung des Mittelalters beziehungsweise Feudalzeitalters mit seinen Strukturen, Abläufen und der damaligen spezifischen Ordnung der Dinge für die Forschung im Bereich der Annales geradezu anbietet. Zumal für jemanden mit der interdisziplinär-mentalitätsgeschichtlichen Ausrichtung eines Georges Duby. „Psychoanalyse, Semiologie und kulturelle Anthropologie (*seitens*) Georges Duby haben vorgeführt, wie man […] das erfaßt"[243].

Der zeitliche Rahmen der Untersuchungen des in der Einleitung beschriebenen, im feudalen Zeitalter angesiedelten privaten Daseins, umfasst das elfte bis zum 15. Jahrhundert. Duby beschreibt sein Interesse für das Mittelalter in den „Dialogen" mit Guy Lardreau, wo es heißt: „Nun, im Mittelalter fühle ich mich ziemlich wohl, weil ich dort genügend Anhaltspunkte in Form von Dokumenten habe, um nicht schwindlig zu werden, diese […] aber auch in derart geringer Anzahl vorliegen, daß man sie mit einem Blick zur Gänze erfassen kann"[244].

Beschrieben werden hierbei die verschiedensten Milieus, wobei Adel und Klerus das Hauptaugenmerk der Betrachtung zuteil wird, da über sie laut Duby mehr und besser verfügbare Quellen existieren: „Freilich wäre es gewagt […] die Gesellschaft als Ganzes erfassen zu wollen, da unsere Quellen allein in Bezug auf die herrschenden Schichten

---

[240] Duby, Ariès: Geschichte des privaten Lebens, S. 19ff.
[241] Caroline Emmelius, Fridrun Freise, Petra Paschinger, Claudius Sittig, Regina Toepfer (Hg.): Offen und Verborgen. Vorstellungen und Praktiken des Öffentlich und Privaten in Mittelalter und Früher Neuzeit, Göttingen 2004, S. 83.
[242] Burke: Geschichte der Annales, S. 122.
[243] Jacques Le Goff: Der Mensch des Mittelalters, Frankfurt 1989, S. 107.
[244] Duby, Lardreau: Dialoge, S. 42.

aussagekräftig sind"[245]. Allerdings untersucht er trotz dieser Ankündigung doch immer wieder diverse Schichten, vom gemeinen Bürger über wohlhabende Kaufleute und Arbeiter bis hin zu Bauern in ihren Ausprägungen und Lebensgewohnheiten. Machtanordnungen werden ebenso betrachtet wie Riten, die Art des Wohnens oder gültige Werte und Erfahrungshorizonte. Ein wichtiges Hilfsmittel für diese Beschreibungen im vorliegenden Werk waren für Duby dabei die Malereien ab Mitte des 14. Jahrhunderts, also gegen Ende des Feudalzeitalters.

„In dem Maße, wie der *contemptus mundi,* die Haltung der Weltverachtung, schwand, galt der „äußere Schein", wie trügerisch und sündig er immer noch sein mochte, nicht mehr für so verwerflich wie früher"[246], so der Autor dazu in der Einleitung des zweiten Bandes, „Vom Feudalzeitalter zur Renaissance". Und weiter: „Den Menschen fiel es wie Schuppen von den Augen [...] Künstler begannen, penibel festzuhalten, was sie sahen, und sich dabei aller ihnen zu Gebote stehenden Darstellungstechniken zu bedienen [...] es entstanden die ersten Bildnisse intimer Szenen"[247]. Die Untersuchung von Adel und Rittertum stand bereits in anderen Werken Dubys zur Feudalgeschichtsforschung neben der „Geschichte des privaten Lebens" meist deshalb im Mittelpunkt, weil er „[...] im ritterlichen Adel deren herrschende Klasse erblickte. Dubys Mittelalterbild ist wie dasjenige Marc Blochs ein in wesentlichen Teilen vom Adel bestimmtes Porträt"[248]. Dies lässt sich bis zu seinen Anfängen als Mediävist beziehungsweise Annaleshistoriker zurückverfolgen, hat er doch bereits in seiner „Thèse" in den 1950er und 1960er Jahren versucht, ein panoramaartiges Bild der feudalen Gesellschaft als eines sozialen Systems zu entwerfen. Was als Motivation für Duby hinter diesem Spätwerk steckt ist ebenfalls erschließbar: „Angeregt durch ethnologische Lektüre, aber auch von zeitgenössischen Veränderungen [...] suchte er nach eigenem Bekunden „in das Innere der feudalen Hausgemeinschaften einzudringen [...]"[249]. Dabei gibt es in Bezug auf die Erkenntnisgewinnung zur feudalzeitlichen Ehe einige Schwierigkeiten. Diese erkennt auch Duby an. So äußert er sich über die Problematik seiner Untersuchungen zur Ehe in der Feudalzeit: „Vor allem darf ich nicht vergessen, daß ein Großteil unserer Informationen zu diesem Thema von Kirchenmännern stammt. Sie waren zu dieser Zeit die einzigen, die schreiben konnten, folglich sind sie die einzigen, die wir direkt hören können"[250]. Angesichts der Tatsache, dass sich Duby ausgerechnet in Bezug seiner Forschungen zur Ehe auf klerikale

---

[245] Ariés, Duby: Geschichte des privaten Lebens, S. 49.
[246] Ebd., S. 12.
[247] Ebd.
[248] Seischab: Geschichte als Traum, S. 59.
[249] Ebd., S. 100.
[250] Duby, Lardreau: Dialoge, S. 104f.

Quellen berufen muss, zeigt, mit welcher Problematik sich die Mentalitätsgeschichte mitunter konfrontiert sieht.

Von Zeugnissen und Quellen in Form von Bildern, Statuen und Gebäuden profitieren in der „Geschichte des privaten Lebens" nicht nur Duby sowie die weiteren am Werk beteiligten Autoren als Herausgeber und Wissenschaftler durch bessere Einsichten, sondern auch der Leser: Beinahe jeder Seite des Bandes ist mit einer bis mehreren reichhaltigen Illustrationen und Fotografien versehen, die das Geschriebene visuell anschaulich machen und den Text dergestalt auflockern. Diese Illustrationen sind zudem stets mit Erläuterungen zu Entstehungszeit und Interpretationen beziehungsweise Erklärungen versehen. So etwa bei einem Bild im Kapitel „Gesellschaftliche Eliten an der Schwelle zur Renaissance" mit dem Titel „Tacuinum sanitatis", wo es in der Bildunterschrift erklärend heißt, es habe: „[…] der Familienvater gerade etwas von einem Löffel gekostet, den ihm seine ängstliche Frau dargeboten hatte. Er äußert sein Wohlgefallen. Die beiden Frauen sind beruhigt, daß der Hausherr zufrieden ist"[251]. Laut Seischab ist dieser kunsthistorische Ansatz nicht verwunderlich.

> Bei seiner (*Dubys, Anm. d. Verf.*) globalen Sicht auf das Mittelalter hat er sich auch für die künstlerische Schöpfung und für bildliche Quellen interessiert. Bildern hat er die gleiche Bedeutung wie Texten beigemessen, was unter Mittelalterhistorikern eine nicht sehr verbreitete Ansicht darstellt[252].

Eine Behauptung, die zumal durch die Lektüre von Dubys mehrbändiges Werk über die „Kunst des Mittelalters" nur unterstrichen werden kann. Zu den von ihm in Paris und Aix gehaltenen Seminaren erklärte Duby dementsprechend einmal: „Bis zum Ende mischten sich Kunst- und Literaturhistoriker mit Mediävisten im engeren Sinne"[253]. Dies erklärt nicht nur die Bandbreite an Quellen in der „Geschichte des privaten Lebens", sondern gibt gleichsam einen Hinweis auf Dubys Hang zur Literarizität und Interdisziplinarität.

Allerdings muss zu den häufig genutzten Quellen in Form von Bildern, Statuen und Vergleichbarem mehr durch Duby und seine Autorenkollegen in der „Geschichte des privaten Lebens" kritisch bemerkt werden, dass oftmals Quellenangaben nur vage sind. Häufig wird lediglich der zu Veröffentlichungszeiten der „Geschichte des privaten Lebens" aktuelle Aufbewahrungsort, etwa Museen, oder die ungefähre Entstehungszeit, beispielsweise das

---

[251] Duby, Ariès: Geschichte des privaten Lebens, S. 204.
[252] Jaques Le Goff: Das Mittelalter des Georges Duby. In: Seischab: Geschichte als Traum, S. 161.
[253] Pierre Nora: Interview mit Georges Duby. In: Ebd., S.152.

Jahrhundert, genannt. Woher die Informationen zum Sinngehalt, etwa des oben beschriebenen Bildes, stammen, bleibt offen – es könnte sich hierbei auch um eine, nicht notwendigerweise richtige, Interpretation des Autors selbst handeln. In diesem Zusammenhang lässt sich an dieser Stelle erneut Umberto Eco zitieren, der bereits im Vorwort zur Entstehung seines Romans „Der Name der Rose" schreibt: „Man kennt die Nachlässigkeit französischer Gelehrter bei der Angabe halbwegs zuverlässiger Quellenvermerke [...]"[254]. Duby rechtfertigt dies für ihn durchaus nicht unübliche Vorgehen an anderer Stelle mit der Aussage: „Letztlich sind unsere „Quellen" ja nur eine Art Stütze oder besser ein Sprungbrett, das uns gewissermaßen dazu dient, sich von ihm abzustoßen, hochzuspringen und mit größter Geschmeidigkeit gültige und abgesicherte Hypothesen [...] zu konstruieren"[255]. Auch in der „Geschichte des privaten Lebens" schickt er bereits in der Einleitung voraus, dass er und die weiteren beteiligten Autoren „[…] nicht verhehlen wollen, wie fragmentarisch unsere Einsichten sind"[256]. Die Vielzahl der genutzten Quellen und Hang zur Interdisziplinarität sind dabei typische Merkmale des unter Punkt 1.2 sowie 3.1 und 3.3 vorgestellten mentalitätsgeschichtlichen Arbeitens. Die Vorstellung, es sei „[…] unmöglich, eine bestimmte Mentalität nur durch einige wenige Eigenschaften charakterisieren zu wollen [...]"[257] wird hier von Duby konkret umgesetzt. Bei der Vielzahl verschiedener Quellen, die Duby erforscht – von Archivdokumenten über Testamente, Ausgrabungen, Chroniken, höfische Romane oder auch Register – bleibt seine Anforderung an die Quelle letztlich doch: „Ich erwarte mir [...] daß sie ein helleres Licht auf das wirft, was das tragende Gerüst der gesamten Geschichte der mittelalterlichen Gesellschaft darstellte"[258].

So war Duby in Bezug auf Quellenforschung anhand von Schriftstücken schon früh, nämlich 1939, klar geworden, „[...] daß der Historiker, will er sich alle Reichtümer zunutze machen, die eine solche Quelle in sich birgt, ein außerordentlich verwickeltes Knäuel von Indizien entwirren muß [...]"[259]. Angesichts dieser Erkenntnis klassifiziert Duby als sinnvolle Art mediävistisch-historischer Forschung „[...] diejenige, die sich nicht damit begnügt, ungerührt Ränke zu rekonstruieren, diejenige, die nicht aufhört, sich Fragen über das Leben zu stellen"[260]. Dabei stieß Duby in der Folge insbesondere im Bereich seiner Lehrtätigkeit als Mediävist an der Universität von Aix anfangs auf wenig Verständnis bei seinen Kollegen.

---

[254] Umberto Eco: Der Name der Rose, München 1982, S. 9.
[255] Duby, Lardreau: Dialoge, S. 45.
[256] Duby, Ariés: Geschichte des privaten Lebens, S. 14.
[257] Dinzelbacher (Hrsg.), Europäische Mentalitätsgeschichte, S. 18.
[258] Duby, Lardreau: Dialoge, S. 110.
[259] Nora: Leben mit der Geschichte, S. 77f.
[260] Ebd., S. 78.

> Meine Kollegen waren verblüfft. Sie waren es noch mehr, als ich meine Absicht kundtat, die kleine Forschungsgruppe [...] auf die Geschichte der Mentalitäten anzusetzen [...] und sehr bald, 1955, nahm sich das Seminar die Geschichte der Verwandtschaftsbeziehungen, die Geschichte der Eheschließungen, die Geschichte des Todes zum Thema.[261]

Hier zeigt sich deutlich, wie sehr das Thema der Mentalitäten – und insbesondere bestimmter Themengebiete – sich wie ein roter Faden durch Dubys Schaffen zieht. Diese selben Gegenstandsbereiche, die er bereits 1955 untersuchte, finden sich also auch in der „Geschichte des privaten Lebens" wieder.

5.3 Die Definition des „Privaten" in Georges Dubys Beiträgen zur „Geschichte des privaten Lebens"

Wenn Duby, Aries und die weiteren an der Entstehung des Werkes beteiligten Autoren ihrem Werk den Titel „Geschichte des privaten Lebens" geben, muss die Frage gestellt werden, inwiefern man in der – bezogen auf den hier besprochenen Band Zwei – Feudalzeit überhaupt von einem Terminus wie Privatheit sprechen kann. Gab es das, was wir heute unter Privatsphäre verstehen in der Zeit vom elften bis fünfzehnten Jahrhundert überhaupt schon? Und falls nicht, wie wurde Privatleben dann definiert?

„Wir versuchen, die Scheidelinie ausfindig zu machen, die der Mensch der mittelalterlichen Gesellschaft zwischen dem Privaten und dem Nicht-Privaten zog [...]"[262], gibt Duby zu Anfang des Bandes als Orientierungshilfe für die Klärung dieser Fragen aus. Dies manifestiert sich zunächst in der semantischen Herangehensweise an den Begriff an sich; ein typisches Vorgehen in der Tradition des annalesschen Arbeitsansatzes. „Einige Spuren sind durchaus „konkret" [...] es handelt sich um materielle Gegenstände, die von der Archäologie ans Tageslicht gebracht werden." [...] Sodann gibt es auch andere Spuren [...]: Worte, aneinandergereihte Zeichen, Sätze"[263]. Duby untersucht also neben Gebrauchsgegenständen und Bildern auch Urkunden, Chroniken, Berichte, theologische wie wissenschaftlich-theoretische Abhandlungen und eben nicht zuletzt Wortbedeutungen, die ihm einen tieferen Einblick in die Denkstrukturen der jeweils untersuchten Epoche oder Gesellschaft ermöglichen. In französischen Wörterbüchern des 19. Jahrhunderts, so erfährt der Leser im ersten Kapitel „Vom Wort ausgehen", findet sich das Verbum „priver" in der Bedeutung von

---

[261] Ebd., S. 90.
[262] Ariès, Duby: Geschichte des privaten Lebens, S. 11.
[263] Duby, Lardreau: Dialoge, S. 38f.

„zähmen, domestizieren". Daraus, kombiniert mit dem Beispiel eines „oiseau privé", eines gezähmten Vogels also, so schließt Duby, lässt sich die Aussageabsicht im Sinne von „ein Geschöpf der Wildnis entreißen" ableiten. Das Adjektiv „privé" wiederum steht für „Heim". Duby vergleicht diese in der Folge mit dem entgegengesetzten Begriff „public", also öffentlich, der im selben Wörterbuch als „aus dem Volk hervorgehend" erläutert wird, und zeigt in der Folge vergleichend Definitionen diese Gegensatzpaares im Lateinischen (von „privatus" beziehungsweise „publicus") anhand eines Cicero-Textes auf.

Letzten Endes erwachsen aus einem Wortstamm, ausgehend von dem Begriff der „Gemeinschaft des Volkes", zwei Bedeutungen von „Privat": Zum einen etwas der gemeinsamen Nutzung entzogenes, zum anderen etwas Domestiziertes. Weitere Vergleiche mit Texten aus dem Mittelalter und diversen Chansons leiten Duby zur Erkenntnis, dass die jeweiligen Definitionen nicht weit auseinanderliegen:

„Beachtenswert sind die geringen Bedeutungsschwankungen. Der Begriff des Privaten ist über Jahrhunderte hinweg konstant geblieben"[264].

Dieses etymologische Arbeiten mit dem Wort an sich verdeutlicht bereits zu Anfang des Buches eine große Stärke Dubys und gleichzeitig typisches Merkmal für den mentalitätsgeschichtlichen Zweig der Annales: Die Fähigkeit zu interdisziplinärer Herangehensweise und Aufarbeitung, die Fähigkeit, über den Tellerrand des Historikers hinauszublicken und Themen aus verschiedenen Perspektiven anzugehen. Dieses Vorgehen findet man auch bei Dubys Vorbild, Marc Bloch, und dessen breit angelegter Untersuchung des selben Oberthemengebietes – der Feudalzeit. So schreibt Paul Chalus in seinem Vorwort zu Blochs von Duby oft erwähntem Buch „La société féodale", auf das bereits unter Punkt 4.2 kurz eingegangen wurde: „Il a recours à la linguistique: l'étymologie des mots, leurs chengements de formes et de seus [...]"[265].

Duby gibt diese Inspiration auch freimütig zu; es wäre nicht zu weit gegangen zu behaupten, dass er sich und sein Vorgehen hier in der Tradition Blochs sieht, angesichts der Aussage : „Ich vertiefte mich in die Quelle [...] um das, was die Feudalgesellschaft gewesen war, im Kielwasser Marc Blochs genauer zu erkunden"[266]. Etymologisches Vorgehen findet sich bereits in früheren Annales-Werken, so etwa bei Lucien Febvres „Le problème de l'incroyance au XVIe siècle: la religion de Rabelais", in der dieser zu erklären versucht, warum die Menschen des sechzehnten Jahrhunderts die Existenz Gottes nicht hinterfragten,

---

[264] Ariès, Duby: Geschichte des privaten Lebens, S. 22.
[265] Bloch, Marc: La société féodale. La formation des heins de dépendance, les classes et le gouvernement des hommes, Paris 1968, S. 6.
[266] Georges Duby: Eine andere Geschichte, S. 19.

wozu er untersuchte, welche Wörter es zu dieser Zeit noch nicht gab und daraus folgert, dass in Ermangelung derselben wirklich philosophisches Denken und Klarheit nur erschwert überhaupt möglich seien.

Dies ist insofern ebenfalls bemerkenswert, als es einen klaren Indikator von Seiten Dubys für die in der Forschung häufig diskutierte Frage darstellt, ob denn die Mentalitätsgeschichte tatsächlich das „Erbe" Blochs angetreten oder sich eher von den Vorläufern und Gründervätern der Annales losgesagt habe, was hiermit zumindest für Duby verneint werden kann. Die Grundlagen für Dubys Ausführungen in der „Geschichte des privaten Lebens" lassen sich bis zu seiner „Thèse" zurückverfolgen, in der er bereits in Grundzügen die Geschichte von Adel, Rittertum und familiären Strukturen in der Feudalzeit untersuchte. Ebenfalls interessant ist diese Vorgehensweise im Vergleich mit späteren Ansätzen deutscher Mediävisten. Untersuchungen in Hinblick auf eine Annahme der Annales-Prinzipien seitens dieser Forscher – die Duby, Ariés, le Goff etc. selten nennen, häufig aber offenkundig von diesen in ihren Ansätzen mit geprägt wurden – würde sich als eigenständiges Thema eignen. Ein exemplarisches Beispiel wurde mit dem Vergleich des Vorgehens von von Moos und Duby unter Punkt 3.1.1 dieser Studie bereits angeführt. Noch deutlicher wird dies mit Blick auf Autoren wie Sprandel, Goetz, Dinzelbacher oder Fuhrmann. Doch soll hier nicht diese Fragestellung diskutiert werden, sondern Georges Duby mit seinem Werk im Mittelpunkt stehen.

Eckpfeiler des Begriffs des Privaten und zweiter Ansatzpunkt der Analyse des in der „Geschichte des privaten Lebens" von ihm schwerpunktmäßig betrachteten Mittelalters ist laut Duby das Familienleben, wobei Familie, beziehungsweise „familia", in diesem Kontext eine Gemeinschaft meint, die durch den gemeinsamen Wohnraum – das Haus – gekennzeichnet ist. Nicht etwa das verwandtschaftlich-familiäre Dasein im heutigen Sinn also, sondern das Leben in einer in sich geschlossenen und dadurch privaten Gruppe. Dass Duby sich regional und gesellschaftlich in seinem Untersuchungsbereich auf bestimmte Fixpunkte versteift, dient dabei eher der Genauigkeit denn der Einschränkung. Der Blick für das große Ganze gerät kaum aus dem Blickfeld – und das gleichwohl er, wie noch gezeigt werden wird, des Öfteren die selbst gesteckten Grenzen überschreitet. Ein Vorgehen, dass er sich bereits früh in seiner Karriere zu Eigen gemacht hatte, und welches ihn im Übrigen auch von Marc Bloch distanzierte. „Wie Duby glücklicherweise erkannte, lag der Königsweg in der regionalen Beschränkung"[267].

---

[267] Seischab: Geschichte als Traum, S. 33.

„Privates Leben", so der Autor, der diesem Sujet im Kontext der mediävistischen Forschung einen großen Teil seines Beitrages einräumt, „ist somit Familienleben, nicht individuell, sondern auf Gemeinsamkeit und gegenseitiges Vertrauen gegründet"[268].

Sicherlich wird man auch als Westeuropäer des 20. beziehungsweise 21. Jahrhunderts das Leben im Kreis der engsten Familienmitglieder als privat bezeichnen. Doch wie weit diese Gemeinsamkeit im Vergleich zu heutigen Verhältnissen geht, macht Duby auch in einem anderen Werk deutlich: „Wenn man sich einmal der Privatsphäre unserer Vorfahren zuwendet, stellt man fest, daß sie die ganze Zeit von anderen umgeben waren. So zu leben ist zwar bedrückend, bietet aber auch ein Gefühl der Sicherheit"[269], lautet seine Einschätzung der Verhältnisse in der Feudalzeit.

Während also heute auch beim Privatleben in der Familie das Individuum zumindest bei manchen Gelegenheiten – etwa dem Baden oder Schlafen in einem eigenen Zimmer – für gewöhnlich tatsächlich mit sich allein ist, war dies im Feudalzeitalter de facto oft ein ganzes Leben lang nicht der Fall. Was natürlich auch durch die anderen Lebensumstände der Feudalzeit bedingt war: In Ermangelung moderner Errungenschaften wie etwa elektrischen Lichts oder einer Zentralheizung, waren die Mitglieder eines Hausstandes oder respektive in diesem Fall einer „familia" gezwungen, gegenseitige Nähe zu suchen, wollten sie nicht (er)frieren oder im Dunkeln sitzen. Die Lampen der Feudalzeit verbreiteten im Gegensatz zum normalerweise einmal pro Anwesen vorhandenen Kamin, um den sich die Anwesenden scharten, mehr Rauch und Qualm als Licht. Es ist also nicht verwunderlich, wenn Mensch (und Tier) sich, trotz damit einhergehender Enge und entsprechender Luftqualität und Geruchsbildung, gemeinsam in einem Raum zusammen drängten. Mehr zum Thema des ständigen Beisammenseins im Kreise anderer Menschen später im Abschnitt über die Rezeption von Tod und Sterben im Mittelalter.

Allgemein lässt sich sagen, dass im Zuge der Feudalisierung zwischen den Jahren 980 und 1020 die Macht der Obrigkeit sich zusehends aufsplitterte. Duby spricht in diesem Zusammenhang in der „Geschichte des privaten Lebens" von einer Fragmentierung öffentlicher Macht. Dies bedeutet, dass tatsächliche Machtverhältnisse sich auf kleinere Räume und Personenkreise konzentrierten. Das Private durchdrang die Öffentlichkeit, konnte doch jeder Hausherr in seinem Haushalt oder Grundstück private Gewalt ausüben.

Doch worum handelte es sich eigentlich bei der genannten öffentlichen Macht? Eine Frage, die zu klären durch den Autor für das Verständnis der „Geschichte des privaten Lebens" durchaus wichtig ist, denn nur so kann er wie der Leser in der Folge des zweiten Bandes den

---

[268] Ariès, Duby: Geschichte des privaten Lebens, Seite 22.
[269] Georges Duby: Unseren Ängsten auf der Spur. Vom Mittelalter zum Jahr 2000, Köln 1996, Seite 28f.

Raum des zu untersuchenden Privaten genauer abtrennen. Duby nennt als Beispiel in seinem diesem Thema gewidmeten Kapitel „Private Macht, öffentliche Macht", dass eine Gruppe freier Männer, die in öffentlichen Versammlungen tagte, diese ausübte, um die Gemeinschaft und ihr Land vor Unfrieden und Verbrechen schützen sowie Streitigkeiten untereinander zu klären. Um die Grenzen der Befugnisse dieser öffentlichen Magistrate zur Privatsphäre aufzuzeigen wurde der private Bereich auf besondere Weise deutlich gemacht. Kenntlichmachung privaten Besitzes im Gegensatz zu öffentlichen Gütern erfolgte durch Absteckung eines bestimmten Territoriums durch verschiedenartige Barrieren. Als Beispiel werden die gallischen Holzpfähle im 12. Jahrhundert angeführt. „Holzpfähle [...] begrenzten ein Stück Land, um anzuzeigen, daß es einem bestimmten Einzelnen gehörte"[270].

Derart abgegrenzte Räume unterlagen auch anderen gesetzlichen Bestimmungen und Vorschriften als der äußere Bereich, teilweise wurde sogar vorgeschrieben, dass der Privatbesitz – Hof genannt, innerhalb dessen auch die privaten Habseligkeiten (res privatae oder auch res familiaris) aufbewahrt werden mussten – durch Einzäunung kenntlich gemacht werden musste. Von Duby exemplarisch aufgezeigt wird dies anhand des Beispiels der Freisinger „Liber traditionum" von 813. Diese Güter unterstanden dann, ebenso wie dessen Bewohner, auch nicht der öffentlichen sondern dem jeweiligen häuslichen Gesetz. Für auf privatem Besitz begangene Verbrechen galt, dass der Besitzer das Einschreiten öffentlicher Gewalt zur Sühne anfordern konnte; es stand ihm frei, selbst zu reagieren. Der Leser erkennt durch die von Duby angeführten Beispiele, wie sehr private und öffentliche Sphäre einander teils noch überlappten, und wie schwer es nach dem heutigen Verständnis fällt, die Reglementierung von Privat und Öffentlich im Feudalzeitalter nachzuvollziehen. Aus eben diesem Grund ist es umso wichtiger, dass Duby zunächst Hintergründe und Gesetze erläutert, ehe er auf konkrete Situationen eingeht.

Die zu Beginn des Kapitels erwähnten Veränderungen der Machtverhältnisse mit stärkerer Betonung des Privaten während der Feudalzeit wurden auch durch einen Bruch im Herrschaftsgefüge gestärkt: Grafen und Bischöfe zogen sich auf Besitztümer zurück, die der König einst an ihre Vorfahren belehnt hatte, welche sie nun aber als die ihren beanspruchten. Duby macht in einem seiner zahlreichen Beispiele deutlich, wie der Kapetinger-König im Lauf des elften Jahrhunderts mehr und mehr Verbündete und damit Vertreter der öffentlichen Macht verliert, bis ihm nur noch seine engsten Verwandte bleiben. „[...] die Tage, da die Macht noch ein öffentliches Gut gewesen war, gerieten bei Hofe langsam in

---

[270] Ariès, Duby: Geschichte des privaten Lebens, S. 26.

Vergessenheit"[271]. In der Folge zeigt er anhand von zwei Fällen aus dem italienischen Raum, wie sehr das feudale Verständnis des Privaten in den Vordergrund trat. Ganze Städte sehen hier ihren Fürsten als Vaterfigur, der sie in Notzeiten tatsächlich durch Mittel aus seinem „Haushalt" stützt.

Zwar schweift Duby im Fortlauf dieses Kapitels teils etwas ab – Ritter, die einem Fürsten dienen und dadurch zu dessen Familie (und damit dem privaten Bereich) gehören, werden äußerst ausführlich beschrieben. Dennoch wird dem Leser immerhin deutlich gemacht, wie etwa die einst offizielle Ausbeutung der gemeinen Bevölkerung nunmehr zur „Privatsache" eines Burgherrn und seiner Familie wurde. Unter letztere fielen, wie erwähnt, nicht nur Blutsverwandte, sondern alle in der Privatheit der Burg Lebenden. Bemerkenswert im Kontext der Untersuchung der Annales ist an dieser Stelle im Übrigen auch, dass dies beispielhaft dafür ist, wie sie das Alltagslebens der – im Vergleich zu den „Großen" der Geschichte „namenlosen" – Menschen untersuchen. Wobei Duby auch hier an einem Beispiel feine Unterscheidungen trifft:

> Der [...] Mann, der die Herrschergewalt ausübte behandelte seine Ritter, wie er seine Söhne, Schwiegersöhne und Neffen behandelte; den Rest der Bewohner des seiner Banngewalt unterworfenen Gebietes betrachtete er als Mitglieder seiner „familia" in des Wortes ursprünglicher Bedeutung – als unfreies Hausgesinde.[272]

Privates Zusammenleben bedeutete also nicht unbedingt das Leben mit und in Verwandtschaftsverhältnissen, wie wir es heute vielleicht definieren würden. Vielmehr gab es auch dort eine Unterteilung in Hörige und Höhergestellte. Diesen Unterschied macht Duby anschaulich, indem er aufzeigt, dass Untergebene, die in solchen Verhältnissen ein eigenes Haus bewohnen, durch regelmäßiges Erscheinen bei ihrem Oberhaupt doch in dessen familia eingebunden waren und nicht in einer eigenen Privatsphäre lebten. Sie waren somit mehr dessen privates Eigentum als ihre eigenen Herren.

---

[271] Ebd., S. 31.
[272] Ebd., S. 35.

5.4 Abschweifende Anekdoten oder Mittel zum besseren Zugang – zum Aufbau von Dubys Beiträgen in der „Geschichte des privaten Lebens"

Zu den vielen von Duby im Text angeführten Beispielen und Anekdoten allgemein muss gesagt werden, dass sie durchaus von zwei Seiten zu betrachten sind: Einerseits machen sie den Text leichter lesbar. Der theoretische Text wird aufgelockert, der Leser unmittelbar in tatsächliche Ereignisse dieser vergangenen Zeit eingeführt. Insofern erfüllt Duby seinen Vorsatz, den er vor den Beiträgen zur „Geschichte des privaten Lebens" bereits getroffen hat. Nämlich dass „[...] der Wissenschaftler seine Funktion um so besser erfüllt, je mehr er denen gefällt, die ihn lesen [...]"[273]. Mehr hierzu im Kapitel über den Schreibstil Georges Dubys.

Andererseits fehlen wie bei den Bildern häufig Quellenangaben, bei manchen der genannten Personen geht Duby von einer Vorkenntnis seitens des Lesers aus, die nicht zwangsläufig vorhanden ist. Dies macht das eigentlich auch gerade für interessierte Nicht-Historiker beziehungsweise Nicht-Mediävisten geeignete Buch teilweise schwieriger zu lesen als nötig gewesen wäre – schon einige kurze Erläuterungen hätten dem Abhilfe schaffen können. Zudem greift er bei vielen der Anekdoten auf einen landschaftlichen Raum zurück, der mit dem eigentlichen Oberthema seines Kapitels nichts zu tun hat.

So heißt eines seiner Kapitel zwar "Französische Adelshaushalte im Feudalzeitalter", jedoch sind einige der von Duby angeführten Beispiele dem landschaftlichen Raum der Schweiz, Spaniens, Englands und Italiens entnommen. Da die Verhältnisse der adeligen Feudalgesellschaft im 11. und 12. Jahrhundert in diesen Ländern denen Frankreichs recht ähnlich war, fällt dies zwar nicht all zu schwer ins Gewicht, hätte aber dennoch zumindest einer kurzen Erklärung des Autors für dieses Vorgehen bedurft. Mehr dazu später.

Auf den Inhalt zurückgehend zieht Duby den Schluss, dass private Machtverhältnisse drückender als öffentliche sein konnten, hatte im Privaten doch der Hausherr nur seinen eigenen Regeln zu folgen. So wird deutlich, dass Privatheit im Gegensatz zu heute vorherrschenden Verhältnissen während der Feudalzeit nicht unbedingt immer als etwas erstrebenswertes anzusehen war – zumindest nicht für „hommes de corps", also unfreie Mitglieder einer familia.

---

[273] Duby: Eine andere Geschichte, Seite 14.

5.5 Exemplarische Untersuchungsansätze Dubys
5.5.1 Die Definition der Entstehung privater Dimension in der Feudalzeit

Wie es überhaupt zur Herausbildung einer privaten Dimension im Zuge des entstehenden Feudalzeitalters kam und was diesem vorausging, erläutert Duby ebenfalls. Natürlich muss der geneigte Leser für die detailliertere und abgerundete Übersicht der Entwicklung von der Antike zum Feudalzeitalter zumindest den ersten Band der „Geschichte des privaten Lebens" – möglichst neben anderen Quellen – hinzuziehen. Doch auch wer sich nur dem zweiten Band widmet, bekommt vom Autor wenigstens eine Einsicht in dessen Theorie von der Entstehung privater Haushalte präsentiert. Verwundern darf dieses Vorgehen angesichts von Dubys Arbeitsweise nicht, und etwa Jaques Le Goff legitimiert sie und zeigt Verständnis hierfür, wenn er schreibt: „Das Mittelalter des Georges Duby [...] zeigt ehrlich seine durch das Schweigen und die Lücken der Quellen und die zerstörte historische Überlieferung bedingte Unvollständigkeit"[274].

Duby veranschlagt das Entstehen von Privatem in größerem Umfang im Gegensatz zur Öffentlichkeit, deren „[...] Grenzlinien [...] schon längst durch das Vordringen des Privaten verwischt worden"[275] waren, auf das zehnte Jahrhundert. Als Grund hierfür führt er nicht etwa die einige Jahrhunderte zuvor weggefallenen, klassisch-antiken Kulturen, sondern die Verländlichung an: Höfe verdrängten die Städte als Ort des gesellschaftlichen Lebens. Im Zuge dessen erläutert Duby auch die Wandlung des Amts des Königs. War dieser früher dazu bestimmt, für die „Eintracht im Volk" zu sorgen – ein Terminus, den Duby leider nicht näher erläutert, obwohl dies durchaus angebracht wäre; wie er für diese Eintracht sorgte und worum dabei es sich genau handelt, bleibt offen – erschien die Macht des Königs im Fortgang seiner späteren Rezeption als ein dem Hofleben vergleichbares, väterliches Oberhaupt, als erbliches Privateigentum. Der Schluss, den Duby hieraus zieht, ist: „Die private Aneignung der öffentlichen Gewalt begann also an der Spitze der politischen Hierarchie"[276].

Im Fortgang zeigt der Autor am Beispiel Karls des Kahlen auf, wie öffentliche in private Macht überging. Dieser Abschnitt ist insgesamt als eine gute Einführung in die folgenden Kapitel des Werks zu bewerten, macht er doch den Leser mit der interdisziplinären Herangehensweise Dubys (womit dieser sich wiederum in der besten Tradition der Annales präsentiert, siehe hierzu auch Punkt 1.1.) an Betrachtungsgegenstände und Themenfelder des weiteren Werkes vertraut.

---

[274] Jaques Le Goff: Das Mittelalter des Georges Duby. Nachwort in: Seischab: Geschichte als Traum, S. 171.
[275] Ariès, Duby: Geschichte des privaten Lebens, S. 28.
[276] Ebd, S. 29.

5.5.2 Privatheit und Öffentlichkeit am Beispiel des Todes in der Feudalgesellschaft

Im Kapitel „Französische Adelshaushalte im Feudalzeitalter" stellt Duby ein Beispiel vor, dass sich besonders gut eignet, um die feudalistische Auffassung von privatem Raum und Tun im Gegensatz zur heutigen Zeit genauer zu betrachten. Zudem wird damit ein Thema behandelt, dass für ereignisgeschichtlich ausgelegte Forschung nebensächlich bis uninteressant und deshalb gut geeignet ist, Dubys Rolle als Part der Annales-Bewegung im Hinblick auf das Interesse an Mentalitäten und dem „gemeinen" Menschen des Feudalzeitalters noch einmal deutlich zu machen. Es handelt sich hierbei um den Abschnitt, der sich mit dem Thema Tod und Tote in der europäischen Feudalzeit beschäftigt. Wo heutzutage zumindest in Europa die Verstorbenen für gewöhnlich abseits der eigenen Wohnung beerdigt werden, wurden sie im Feudalzeitalter des Öfteren in einer zum Hausbereich gehörenden Nekropole bestattet, oder aber man gründete ein Kloster und ließ sie dort beisetzen, „[...] so als sei der Friedhof ein Gehege für besonders gefährliche Hausbewohner, die eingesperrt werden mussten"[277]. Verstorbene wurden also nicht als vergangen betrachtet und vergessen, sondern blieben integraler Bestandteil der Familie und damit des privaten Lebens, deren Geburtstag beispielsweise ebenso wie der Todestag noch immer gefeiert wurde. Ersteres für gewöhnlich mit einem Essen, um sich den Segen des in diesem Sinne noch stets präsenten Verstorbenen zu sichern.

Das von Duby an dieser Stelle angebrachte Beispiel aus Flandern scheint allerdings etwas unpassend, da hier berichtet wird, wie die Mörder eines Grafen mit dessen Leichnam als Tisch gemeinsam essen – hier wird eben nicht, oder nur ansatzweise, das Verhalten einer Familie gegenüber dem Toten thematisiert, sondern bestenfalls die im Vergleich zu heute durchaus unterschiedliche Haltung zu und der Umgang mit der Vergänglichkeit: Der Tod gehörte viel mehr zum Leben, als dass er ein gemiedenes Tabuthema gewesen wäre. Davon jedoch abgesehen enthält der Text in der Folge einige interessante Informationen über das Verständnis von Öffentlichkeit und Privatsphäre im Umgang mit diesem Thema, die anschaulich machen, wie unterschiedlich die Ansichten im Vergleich zur heutigen Zeit damals waren und welche Dimensionen die ja im Hauptaugenmerk des Interesses des Bandes liegenden Bereiche des Öffentlichen und des Privaten bei Trauer und Begräbnis annehmen konnten. Dies zeigt sich bereits bei Betrachtung des Wegs, den der Tote auf seiner letzten irdischen Reise zurücklegte: „Der Leichnam wurde von einem privaten Ort – der Kammer, dem Bett – zu einem anderen privaten Ort getragen – ins Grab; das geschah freilich in

---

[277] Ebd., S. 93.

öffentlicher und daher feierlicher Zeremonie"[278]. Der Autor bezeichnet die dabei zurückgelegte Strecke an späterer Stelle sogar als den „letzten öffentlichen Auftritt" des Toten, was sich für alle ersichtlich darin äußerte, dass Geschenke an die Armen aus dessen Nachlass verteilt und ein Essen in seinem Namen ausgerichtet wurde. Mit Sicherheit öffentliche Form der Trauer war das Haare raufen, Zerreißen von Kleidern, laute Wehklagen und ähnliche Aktionen mehr von eigens dazu angestellten Trauerfrauen. Das mag heute seltsam erscheinen, gehörte im frühen Mittelalter jedoch zu den Riten, die das öffentliche wie private Leben weitgehend reglementierten. Zur Öffnung dieses Vorschriftensystems und dem Wandel zu dem, was dem Individualismus und der Privatheit nach moderner Auffassung näher kommt, später mehr.

Die ritualisierte, öffentliche Form des Umgangs mit dem Tod stand neben der nach damaligem Verständnis privaten. Diese bedeutet nicht, wie vielleicht angenommen werden könnte, allein zu sein und dem Verstorbenen zu gedenken – in der Feudalzeit zog sich niemand mit seiner Trauer zurück. Dabei begannen diese privaten Riten im großen Kreis, während der Sterbende noch unter seiner „familia" weilte. Duby formuliert es als „[...] eine gesellige, mit vielen Leuten geteilte Privatheit"[279]. Der Sterbende der Feudalzeit äußerte im Idealfall, das heißt, wenn er tatsächlich in seinem zu Hause starb – und wie so vieles im Mittelalter wurde in Anweisungen, Büchern und Vorgaben von eben jenem ausgegangen – letzte Wünsche, vergab sein Eigentum, bat um Vergebung für im Leben begangene Verfehlungen und bestimmte seine Erben. So losgelöst von allem Irdischen konnte er sich, nunmehr vorbereitet, dem sterben widmen. Dies geschah bis zum Ende eingebettet in den Kreis der zur Feudalzeit als engsten privaten Raum angesehenen Familie. Alleine zu sterben war in diesem Umfeld unmöglich. „Tag und Nacht hielt man bei ihm Wache, während er sich allmählich aller seiner Besitztümer entäußerte"[280]. Sehr passend zu dieser Passage auch das hier von Duby zur Illustration ausgewählte Bild, das mit „Die letzten Worte eines Sterbenden in seiner Kammer" unterschrieben ist, und einen offensichtlich dem Tode nahen Mann im Bett zeigt – umstanden von Frau, Kind und Gefolgsmann. Zu bemängeln sind hier lediglich die einmal mehr fehlenden Angaben und Quellen zum Bild. Was den Kontext betrifft, passt es jedoch gut.

Wie präsent und nicht-tabuisiert der Tod in der Feudalzeit im Vergleich zu heute war, lässt sich anhand von Dubys Darstellungen schon gut erahnen. Schade ist jedoch, dass er im folgenden keine Hinweise auf mögliche Vertiefung der Beschäftigung mit der „ars moriendi",

---

[278] Ebd., S. 91.
[279] Ebd.
[280] Ebd., S. 92.

der Kunst des Sterbens, gibt, wie man sie etwa bei Ariès „Studien zur Geschichte des Todes" finden kann. Auch über öffentliche und private Einrichtungen wie Gebeinhäuser oder die „Artes bene moriendi", die weitverbreiteten feudalen Sterbeanleitungen zu Lebzeiten der Menschen der damaligen Zeit, die ebenfalls durchaus Einfluss auf das tägliche Leben hatten, findet sich keine Erwähnung. Die Passage über Tod und Sterben ist dennoch deshalb so exemplarisch für die „Geschichte des privaten Lebens", weil sie mit ihrem Schlusssatz vielleicht mehr als alles andere in diesem Werk den zentralen Kernpunkt des Unterschiedes zwischen dem Begriff Privat im heutigen Sinne und im Feudalzeitalter veranschaulicht. Der Satz, ans Ende der beispielhaften Anekdote vom Tod Wilhelms von England gestellt, lautet: "Zum ersten Mal seit seiner Geburt war er wieder allein"[281].

Dies ist bezeichnend für die Diskrepanz zwischen dem heutigen Verständnis von Privatheit und der feudalzeitlichen Einstellung und des tatsächlich gelebten Lebens hierzu, wie bereits in Kapitel 3 angesprochen. Während heute Privatsphäre zumindest im westlichen Verständnis auch bedeutet, sich zurückziehen, für sich sein zu können und ungestört seine Ruhe zu haben, macht Duby in diesem Satz auf die Quintessenz des entgegengesetzten Verständnisses der Feudalzeit in Bezug auf diesen Begriff deutlich: Privatheit bedeutete vor allem, lebenslang von Menschen der "familia" umgeben zu sein. Vieles war ritualisiert und weit weniger individuell, auch und gerade im privaten Bereich. Die von Duby kurz erwähnte ritualisierte Trauer – auf die der Autor in diesem Kontext etwas mehr hätte eingehen können – belegt dies: Die erwähnten „Trauerweiber" wurden dafür bezahlt, sich bei der letzten Reise des Verstorbenen die Haare zu raufen, zu schreien und wild zu gebärden.

Will der Leser mehr zu diesem Thema aus dem Bereich der Annales-Forschung erfahren, muss er sich jedoch speziellerer Lektüre wie etwa dem oben erwähnten Philippe Ariés oder auch Lucien Febvre zuwenden.

5.6 Widerspruch oder Innovation? Zum literarischen und wissenschaftlichen Anspruch in der „Geschichte des privaten Lebens"

In Bezug auf das vorgestellte Spannungsfeld des dubyschen Oevres zwischen literarischem Schreiben und wissenschaftlichem Anspruch soll an dieser Stelle nochmals konkret die „Geschichte des privaten Lebens" im entsprechenden Untersuchungsfokus stehen. Ein großer Pluspunkt und gleichzeitig bedeutender Faktor für den kommerziellen Erfolg des Buches ist dessen gute Lesbarkeit. Duby bewerkstelligt es, historische Erkenntnisse in einem größtenteils ohne wissenschaftliche Vorkenntnisse lesbaren, untrockenen Stil zu vermitteln. Was kein

---

[281] Ebd., S. 94.

Zufall ist, war es doch für ihn seit Beginn seiner Tätigkeit als Geschichtswissenschaftler immer ein erklärtes Ziel, dass eine Forschungsarbeit ihn „[…] nicht dazu zwingt, die Untersuchungsergebnisse zum Zweck ihrer Veröffentlichung trocken zusammenzufassen, daß der Wissenschaftler seine Funktion um so besser erfüllt, je mehr er denen gefällt, die ihn lesen […]"[282] Jaques Le Goff konstatiert, dass gerade diese Lesbarkeit eine der größten Stärken von Dubys Arbeit sei: „Was seinem Werk über dessen wissenschaftliche und intellektuelle Qualität eine noch größere Wirkung verschafft hat [...] ist sein großes Talent als Schriftsteller"[283].

Zu Kurzweil und Auflockerung tragen auch die vielen eingestreuten und bereits durch mehrere Beispiele angeführten Anekdoten bei, die jedoch in ihrer Häufigkeit und Genauigkeit die Quellennachweise betreffend durchaus noch überarbeitet hätten werden können. Zu den spärlich bis gar nicht vorhandenen Fußnoten gib es dementsprechend neben Kritikern auch Befürworter der dubyschen Strategie: „Ohne Fußnoten ist es für ein breites, wenn auch gebildetes Publikum geschrieben, das dem etablierten Historiker die Rolle des Mystagogen [...] zugesteht"[284].

Ein Jahr nach Erscheinen des zweiten Bandes der „Geschichte des privaten Lebens" schrieb Duby 1986 zum „Vergnügen des Historikers", dass der für die breite Masse der Leserschaft ausgelegte Schreibstil und die unterstützende Wirkung von Darstellungen und abgedruckten Bildern, Zeichnungen und Skizzen durchaus positiv zu bewerten sei. „Einige Historiker beschlossen auch, sich nicht mehr nur mit Worten, sondern auch mit Bildern auszudrücken. Ich denke nicht, daß wir uns angedient haben. [...] Wir gingen das Wagnis ein. Und ich glaube, es ist uns gut bekommen"[285]. „Der Nachweis einer Gruppe ist – außerhalb der eigentlichen Mentalitätsbetrachtung – u.a. möglich durch Nachweis der Kommunikation ihrer Mitglieder"[286]. Abgesehen von einzeln definierbaren Gruppen untersucht die Mentalitätsgeschichte schließlich Konstanten – Herausforderungen, mit denen umzugehen jedem Menschen in jeder Epoche und Gesellschaft begegnet. Dies gestaltet sich selbstverständlich schwieriger, wenn keine schriftlichen Zeugnisse zur Untersuchung geblieben sind. „Ist aber das Subjekt stumm geblieben und hat es nicht zur Feder gegriffen, so kann man sich helfen, indem man andere Quellen befragt"[287]. Diese Quellen können etwa ikonographischer Natur sein – ein Bildnis, Grabmal oder eine Statue können. Auch sie sind

---

[282] Duby: Eine andere Geschichte, S. 14.
[283] Le Goff: Das Mittelalter des Georges Duby. In: Seischab: Geschichte als Traum, S. 169.
[284] Rüth: Erzählte Geschichte, S. 82.
[285] Nora: Leben mit der Geschichte, S. 98.
[286] Raulff: Mentalitäten-Geschichte, S. 108.
[287] Ebd., S. 122.

potentielle Brunnen an Information, und werden von Duby entsprechend exzessiv genutzt. Schon Lucien Febvre sah es bei seinen mentalitätsgeschichtlichen Forschungen als probates Mittel, solches Material zu nutzen: „Vertrautheit mit der gesamten Breite verfügbarer Quellen schien ihm eine selbstverständliche Voraussetzung, die Nutzung literarischer, künstlerischer und juristischer Zeugnisse naheliegend"[288]. Auch die von Duby wie gezeigt genutzte Wortfeldanalyse findet sich bereits bei Febvres Werk.

„Die Sorge um den literarischen Ausdruck muß Teil des Historikerberufs sein"[289]. Getreu diesem Motto setzt Duby seine Erkenntnisse in diesem Werk konsequent um. Letzten Endes kann festgehalten werden, dass er sein in der Einführung gegebenes Versprechen im weiteren Verlauf des Buches erfüllt: die „Geschichte des privaten Lebens" trägt ihren Titel zu recht, und ist in der Lage, dem interessierten Leser in unkompliziertem Schreibstil die in der Feudalzeit herrschenden Ansichten über Privatsphäre und Individualität herauszustellen und deutlich zu machen. Duby zeigt, dass die Entwicklung des privaten Lebens tatsächlich eine solche durchgemacht hat. Wer den heutigen Privatbegriff auf die Zeit vom zehnten bis 13. Jahrhundert überträgt, wird die Verhältnisse dieser Epoche nicht verstehen können. Dabei gilt allerdings noch einmal festzuhalten, was Duby in seiner Einleitung bereits andeutet: Vollständig ist diese Darstellung nicht, sondern es sind immer nur Ausschnitte aus Teilen der Feudalgesellschaft, die hier vermittelt werden. Nicht jeder Tote hatte seine Trauerweiber oder Nekropolis, und nicht in jeder „familia" war der Patriarch tatsächlich unumstrittener Herrscher. Auch die Feudalgesellschaft war in sich vielschichtig und ist wie jede Form von Kultur und Gesellschaft nicht nur in Schwarz und Weiß unterteilbar. Doch eines gelingt Duby bei der Darstellung des Feudalzeitalters in der „Geschichte des privaten Lebens": Eine vergangene Welt zumindest in Auszügen abseits von Kriegen, Verträgen und großen Namen vor dem geistigen Auge des Lesers wieder ein Stück weit erstehen zu lassen. Und dies macht, zusammen mit dem nicht unnötig elaborierten Schreibstil und den umfangreichen Themengebieten, das Buch denn auch trotz der stellenweise angebrachten Kritik lesens- und kennenswert. Sie ist zudem ein repräsentatives Werk für die mentalitätsgeschichtliche Phase der Annales, der Duby vorsteht.

---

[288] Raphael: Die Erben von Bloch und Febvre, S. 332.
[289] Seischab: Geschichte als Traum, S. 169.

6. Schlussbetrachtung

„Was den alternden Duby in seinen letzten Schaffensjahren [...] vor allem beschäftigte, war die aufwendige Vorbereitung und Durchführung umfangreicher Sammelpublikationen"[290]. Unter diese Form von Werken fällt auch die „Geschichte des privaten Lebens". „Bei all diesen Projekten setzte er sein eigenes wissenschaftliches Renommee klug ein; er holte die Aufträge ein und gab jungen Historikern [...] die Gelegenheit, sich vor einem breiten Publikum öffentlich zu profilieren"[291].

Die „Geschichte des privaten Lebens" zeigt trotz – oder gerade wegen – der Tatsache, dass Duby sich nicht als alleiniger beteiligter Autor verantwortlich zeichnet, sondern diverse Annales-Historiker Beiträge dazu lieferten, eine für ihn typische Vorgehensweise: Er wollte einen Überblick darstellen. Obgleich er sich vorgeblich auf einzelne Regionen und Klassen konzentriert, schweift Duby auch immer wieder ab: Vom Adel zum Klerus wie in Kapitel V bei der Untersuchung von Körperlichkeit und privater Andacht, oder auch von Region zu Region: In Kapitel II, das sich eigentlich mit „französischen Adelshaushalten" beschäftigen soll, schreibt Duby über die bereits genannte Ermordung eines Grafen in Flandern; springt er von der Beschreibung eines Adelshaushalts in Caens plötzlich zum „[...] ‚Eigentumsverzeichnis des großen katalanischen Grundherrn Arnal Mir [...]"[292] und vom Kloster Cluny zu Marschall Wilhelm von England (einem, wie Duby im Übrigen nicht näher erläutert, Stellvertreter Heinrichs III und bekanntem Turnierreiter) und seinen Verfügungen auf dem Totenbett, wie im Unterpunkt „Das Geordnete und das Ungeordnete". Dies kann man durchaus betrachten als „[...] Ausdruck seiner grundlegenden Überzeugung, daß eine Gesellschaft nur in ihrer Gesamtheit, als ein systematisches Ganzes, begriffen werden kann"[293]. Dieses Bemühen rücken Duby im Rahmen der Annales in Richtung einer „histoire totale", die bestrebt ist, möglichst alle einzeln greifbaren Faktoren herauszuarbeiten, um deren Zusammenwirken und dadurch die Funktionsweise eines Systems besser verstehen zu können.

Den Anspruch auf Vollständigkeit kann die „Geschichte des privaten Lebens" also nicht für sich proklamieren. Sie will es auch gar nicht. Faszinierend daran ist die Darstellung von Mentalitäten, die der unseren heutigen teils völlig fremd anmuten mögen, auch wenn sie sich auf dem geographisch gesehen gleichen Territorium abgespielt haben. Der Einblick in diese so andersartig erscheinenden Kulturen und Mentalitäten hilft dabei, einen tieferen Sinn und

---

[290] Ebd., S. 113.
[291] Ebd.
[292] Ariés, Duby: Geschichte des privaten Lebens, S. 72.
[293] Seischab: Geschichte als Traum, S. 49

ein besseres Verständnis für viele Verhaltensweisen, Denkmuster und Handlungen zu bekommen, die ansonsten nicht nachvollziehbar erscheinen dürften. Dass dabei manche Darstellungen Dubys mangels ausreichend handfester Fakten auf Vermutungen beruhen, sollte man sich allerdings vor der Lektüre bewusst machen. Immerhin sind diese zumeist schlüssig, fundiert begründet und kenntlich gemacht. So gibt auch der Autor selbst zu seinem Buch unumwunden zu: „Der Leser erwarte kein fertiges Bild. Der Text, den er vor sich hat steckt voller – offener und geheimer – Fragezeichen"[294].

Was er jedoch bekommt, ist für Fachleute wie Laien ein gut lesbarer, interdisziplinär aufbereiteter und reich bebilderter Über- und Einblick in das Alltagsleben einer Welt, die nach der Lektüre weit weniger fremd und unverständlich ist, als sie es zuvor gewesen sein mag. Und eben darin liegt ein Großteil der Stärke dieses Werks: Nicht nur durch Fachtermini für Experten verständlich zu sein, sondern jeden anzusprechen, der Interesse hat, sich mit Sozialgeschichte vom Feudalzeitalter bis zur Renaissance zu beschäftigen. Rojas schreibt in diesem Zusammenhang – wenn auch nicht mit explizitem Bezug auf Duby, sondern auf die Annales allgemein – durchaus treffend:

> Die große Mehrheit der Annales-Autoren ist – passend zum mediterranen Stil, den sie in einer vollkommenen Weise repräsentieren – berühmt wegen ihrer blühenden und gepflegten Prosa, ihrer guten Sprachbeherrschung und ihrer literarischen Fähigkeiten, die es ermöglichten, ihre Werke in ganz unterschiedlichen Kreisen [...] zu verbreiten.[295]

Hier entsteht also etwas, das Rüth als „[...] eine historische Realität zweiten Grades [...]"[296] bezeichnet. Insbesondere lohnt sich der Griff zur Geschichte des privaten Lebens auch in Kombination und Vergleich mit anderen Werken deutscher Mediävisten: Wo etwa bei Althoff und Fuhrmann ein Vergleich zwischen dem Mittelalter und dem heutigen Bereich an Werten und Verhaltensweisen geführt wird, liefert die Lektüre Dubys die Vorstellung der entsprechenden Hintergründe in Form von Denkweisen und Auffassungen der vergangenen Feudalzeit, die für uns heute so nicht mehr (be)greifbar ist. Dubys Definition und das Verständnis des Begriffs des „Privaten" ist dafür das beste Beispiel. Es muss jedoch angemerkt werden, dass umgekehrt die „Geschichte des privaten Lebens" teilweise durchaus Vorkenntnisse an den Leser stellt, will man die gesamte Bandbreite mancher Texte und

---

[294] Ariès, Duby: Geschichte des privaten Lebens. 2. Band, S. 10.
[295] Rojas: „Schule" der Annales, S. 21f.
[296] Rüth: Erzählte Geschichte, S. 82.

insbesondere Anekdoten verstehen. Was bleibt ist ein Werk eines Georges Duby auf dem Gipfel. Dem Gipfel seines Wirkens als Wissenschaftler wie als Autor, als Schriftsteller wie als Forscher, als Wegbereiter und letztlich Größe der Annales. Denn Duby war etwas von all dem, und doch nichts ganz und ausschließlich – und eben das ist es, was diesen großen Historiker und seine Werke bis zum heutigen Tag so außergewöhnlich macht.

7. Literatur- und Quellenverzeichnis

Althoff, Gerd: Verwandte, Freunde und Getreue. Zum politischen Stellenwert der Gruppenbindungen im früheren Mittelalter, Darmstadt 1990.

Ariés, Phillippe: Ein Sonntagshistoriker. Phillipe Ariès über sich, Frankfurt a.M. 1990.

Bloch, Marc: La société féodale. La formation des heins de dépendance, les classes et le gouvernement des hommes, Paris 1968.

Bloch, Marc : Die Feudalgesellschaft, Berlin 1982.

Boodmann, Hartmut: Das Mittelalter. Ein Lesebuch aus Texten und Zeugnissen des 6. bis 16. Jahrhunderts, München 1988.

Borst, Arno: Lebensformen im Mittelalter, München 1980.

Bosl, Karl: Europa im Aufbruch. Herrschaft, Gesellschaft, Kultur in Europa vom 10. bis 14. Jahrhundert, München 1980.

Braudel, Fernand: La Méditerranée et le monde méditerranéen a l'époque de Phillippe II, Paris 1966.

Braudel, Fernand: Das Mittelmeer und die mediterrane Welt in der Epoche Phillipps II, Frankfurt a.M. 1987.

Brunner, Otto: Land und Herrschaft. Grundfragen der territorialen Verfassungsgeschichte Österreichs im Mittelalter, Wiesbaden 1959.

Burguière, André: Le tournant des Annales. L'école des Annales, Paris 2006.

Burguière, André, Duby, Georges: Geschichte der Familie, Band 2: Mittelalter, Frankfurt a.M. 1997.

Burke, Peter: Die Geschichte der Annales. Die Entstehung der neuen Geschichtsschreibung, Berlin 2004.

Burke, Peter: The french historical revolution. The Annales school, 1929-89, Cambridge 1990.

Bumke, Joachim: Die Höfische Kultur, Literatur und Gesellschaft im hohen Mittelalter. 2 Bände, München 1986.

Dinzelbacher, Peter (Hrsg.): Europäische Mentalitätsgeschichte. Hauptthemen in Einzeldarstellungen, Stuttgart 1993.

Dinzelbacher, Peter: Europa im Hochmittelalter 1050-1250. Eine Kultur- und Mentalitätsgeschichte, Darmstadt 2003.

Duby, Georges, Lardreau, Guy: Dialogues, Paris 1980.

Duby, Georges, Lardreau, Guy: Geschichte und Geschichtswissenschaft. Dialoge, Frankfurt am Main 1982.

Duby, Georges, Ariès, Philippe (Hg.): Geschichte des privaten Lebens. Band II: Vom Feudalzeitalter zur Renaissance, Frankfurt a. M. 1990.

Duby, Georges: Eine andere Geschichte, Stuttgart 1992.

Duby, Georges: Unseren Ängsten auf der Spur. Vom Mittelalter zum Jahr 2000, Köln 1996.

Duby, Georges: Krieger und Bauern. Die Entwicklung von Wirtschaft und Gesellschaft im frühen Mittelalter, Frankfurt a. M. 1977.

Duby, Georges: Die drei Ordnungen. Das Weltbild des Feudalismus, Frankfurt a. M. 1986.

Duby, Georges: Der Sonntag von Bouvines 27. Juli 1214, Berlin 1988.

Duby, Georges: Die Kunst des Mittelalters, Band I-III, Stuttgart 1999.

Eco, Umberto: Lector in fabula. Die Mitarbeit der Interpretation in erzählenden Texten, München 1987.

Eco, Umberto: Auf dem Wege zu einem Neuen Mittelalter. Ein Lesebuch, München 1989.

Eco, Umberto: Der Name der Rose, München 1982.

Eggert, Hartmut, Profitlich, Ulrich, Scherpe, Klaus R. (Hg.): Geschichte als Literatur. Formen und Grenzen der Repräsentation von Vergangenheit, Stuttgart 1990.

Elias, Norbert: Über den Prozess der Zivilisation. Soziogenetische und psychogenetische Untersuchungen, Amsterdam 1997.

Emmelius, Caroline, Freise, Fridrun, Paschinger, Petra, Sittig, Claudius, Toepfer, Regina (Hg.): Offen und Verborgen. Vorstellungen und Praktiken des Öffentlich und Privaten in Mittelalter und Früher Neuzeit, Göttingen 2004.

Erbe, Michael: Zur neueren französischen Sozialgeschichtsforschung. Die Gruppe um die „Annales", Darmstadt 1979.

Febvre, Lucien: Le problème de l'incroyance au XVIe siècle. La religion de Rabelais, Paris 1968.

Fuhrmann, Horst: Überall ist Mittelalter. Von der Gegenwart einer vergangenen Zeit, München 2002.

Grabmeyer, Johannes: Europa im späten Mittelalter 1250-1500. Eine Kultur- und Mentalitätsgeschichte, Darmstadt 2004.

Geertz, Clifford: Dichte Beschreibung. Beiträge zum Verstehen kultureller Systeme, Frankfurt a.M. 1983.

Goetz, Hans-Werner (Hrsg.): Das Mittelalter. Perspektiven mediävistischer Forschung. In: Zeitschrift des Mediävistenverbandes Band 5, Heft 1, Dresden 2000.

Honneger, Claudia (Hrsg.): Schrift und Materie der Geschichte. Vorschläge zu einer systematischen Aneignung historischer Prozesse, Frankfurt a.M. 1977.

Huizinga, Johann: Der Herbst des Mittelalters. Studien über Lebens- und Geistesformen des 14. und 15. Jahrhunderts in Frankreich und in den Niederlanden, Stuttgart 1987.

Jöckel, Sabine: Nouvelle histoire und Literaturwissenschaft. Band I und II, Rheinfelden 1984.

Koselleck, Reinhart: Vergangene Zukunft, Frankfurt 1989.

Le Goff, Jacques: Die Geburt des Fegefeuers. Vom Wandel des Weltbildes im Mittelalter, München 1990.

Le Goff, Jacques: Das Mittelalter in Bildern, Stuttgart 2002.

Le Goff, Jacques (Hrsg.): Der Mensch des Mittelalters, Frankfurt a.M. 1989.

Le Goff, Jacques, Chartier, Revel: L'histoire nouvelle, Paris 1978.

Le Goff, Jacques: Geschichte und Gedächtnis, Frankfurt a.M. 1999.

Lepenies, Wolf: Geschichte der Soziologie. Studien zur kognitiven, sozialen und historischen Identität einer Disziplin, Frankfurt a.M. 1981.

Nora, Pierre (Hrsg): Pierre Chaunu, Georges Duby, Jaqcues Le Goff, Michelle Perrot : Leben mit der Geschichte. Vier Selbstbeschreibungen, Frankfurt a. M. 1989.

Oexle, Otto Gerhard (Hrsg.): Stand und Perspektiven der Mittelalterforschung am Ende des 20. Jahrhunderts, Göttingen 1996.

Raphael, Lutz: Die Erben von Bloch und Febvre. Annales-Geschichtsschreibung und nouvelle histoire in Frankreich 1945-1980, Stuttgart 1994.

Raulff, Ulrich (Hg.): Mentalitäten-Geschichte. Zur historischen Rekonstruktion geistiger Prozesse, Berlin 1987.

Riecks, Annette: Französische Sozial- und Mentalitätsgeschichte. Ein Forschungsbericht, Altenberge 1989.

Rojas, Carlos Antonio Aguirre: Die „Schule" der Annales. Gestern, heute, morgen, Leipzig 2004.

Rüth, Axel: Erzählte Geschichte. Narrative Strukturen in der französischen Annales-Geschichtsschreibung, Berlin 2005.

Scholz, Johannes-Michael (Hg.): Vorstudien zur Rechtshistorik. Texte und Monographien, Frankfurt a. M. 1977.

Seischab, Steffen: Georges Duby. Geschichte als Traum, Berlin 2004.

Sprandel, Rolf: Mentalitäten und Systeme. Neue Zugänge zur mittelalterlichen Geschichte, Stuttgart 1972.

Sprandel, Rudolf: Gesellschaft und Literatur im Mittelalter, München/ Paderborn 1982.

Stoianovich, Traian: French Historical Method. The Annales Paradigm, London 1976.

Von Moos, Peter: 'Öffentlich' und 'privat' im Mittelalter. Zu einem Problem historischer Begriffsbildung. In: Schriften der Philosophisch-historischen Klasse der Heidelberger Akademie der Wissenschaften, Band 33, Heidelberg 2004.

White, Hayden V.: Tropics of discourse. Essays in cultural criticism, Baltimore 1978.

Wüstemeyer, Manfred: Die Annales: Grundsätze und Methoden ihrer „neuen Geschichtswissenschaft". In: Vierteljahresschrift für Sozial- und Wirtschaftsgeschichte 54, Stuttgart 1967.